AF360393

REFLEXIONS POLITIQUES

Par les quelles on fait voir
que la

PERSECUTION

DES REFORMEZ,

*Est contre les veritables in-
terêts de la France.*

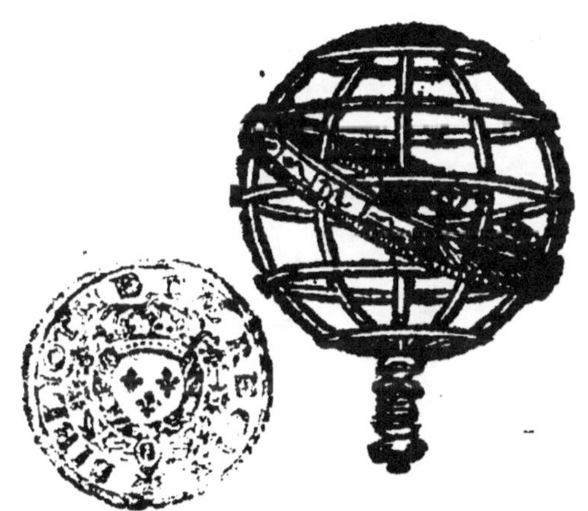

A COLOGNE

Chez PIERRE MARTEAU

1686.

PREFACE.

Bien que le sujet que j'ay résolu de traiter soit du nombre de ceux où les Autheurs paroissent d'ordinaire passionés, j'avertis par avance le Lecteur de ne s'attendre pas à cela : & s'il veut que je lui donne quelques raisons de ma retenüe , il scaura que

 sans

PREFACE.

sans me vanter, je suis assez maître de mes pas-
sions; sur tout quand il
est question de traiter
des Sujets dont la mode-
ration doit être l'un des
principaux ornements ;
que d'ailleurs il y a déja
assez longtems que je suis
éloigné de ma patrie, &
que j'ay été assez heureux
que de ne pas sentir les
rudes coups dont elle est
aujourdhui batüe; & qui
pourroient, comme il
arrive à tant d'autres, apporter quelque alteration
à ma plume.

Quoi

PREFACE.

Quoi qu'il en soit, sans
raisonner davantage, je
veux dire de bonne foy
que je me suis fait un devoir de découvrir la sour-
ce de tous ces Edits ri-
goureux que l'on a don-
nez contre les Reformez,
& qu'après bien des re-
flexions, je suis demeuré
convaincu, avec plusieurs
beaux esprits, que ce
n'est pas au Roy qu'il
faut attribüer la cause de
tous ces desordres puis
qu'il n'y contribüe qu'en
permettant ses Ministres
de se servir de son autho-

* 3

rité

rité pour satisfaire à leur ambition : c'est ce que l'on m'accordera sans peine, si l'on prend garde que depuis deux ou trois ans, ils ont eu plus à cœur leurs propres interêts que ceux du Roy. Témoin qu'ils auroient pû le rendre maître du reste de la Flandre, s'ils èussent voulu ; les raisons pourquoi ils ne l'ont pas fait en sautent assez aux yeux, sans qu'il soit besoin de nommer chaque chose par son nom. Si je dis fort souvent qu'un chapeau de Car-

Cardinal eſt la cauſe de
tous nos malheurs, c'eſt
pour l'avoir appris en
Italie ou je me ſauvai il
y a quelque tems, en qua-
lité de voyageur, ou j'ay
trouvé un aſyle tel que je
le ſouhaitois, & ou j'ay
veu mille fois la joye
peinte ſur le viſage des
Italiens lors qu'ils oyoient
dire que les Reformez de
France ſe ſauvoient dans
les païs étrangers. Le
Roy de France, diſoit-
on, a perdu l'envie de
nous venir voir, il nous
croit trop gens de bien

* 4   pour

PREFACE.

pour vouloir nous atta-
quer ; ou peut être, a jou-
toit-on, ne se sent-il pas
assez fort pour oser l'entreprendre.   J'écoutois
fort tranquilement tou-
tes ces railleries, dont
ces bonnes gens sem-
bloient vouloir me di-
vertir, mais toûjours sans
entrer en discours avec
eux, si vous en exceptés à
Milan, ou je trouvai, il y a
deux ans, un bon Espa-
gnol natif de Burgos, avec
lequel j'eus quelques
conversations assez fami-
liaires. Il y a trois ou quatre

tre ans, me difoit ce bon Caftillan, que nous ne dormions point icy ; mais Dieu merci, nous commençons à repofer ; nous attendions votre Roy tous les jours, mais les povres Huguenots, pourfuivoit-il, vont lui defendre de venir, je ne fçaurois les trop aimer, & je n'en ai jamais tant aimé la confervation.

Il fit plus ; car ce jour même qu'il me tenoit ces difcours, il m'invita à fouper, & ne voulut pas nous laiffer fortir de table, cinq ou six que nous étions, sans avoir beu la santé de ses bons amis les Huguenots de France ; à quoy il faloit ajouter , *que Dieu les conserve*, l'on voit bien où tout cela tend, sans qu'il soit besoin de le dire : & voilà comme la Religion sert à faire rire les uns, pendant que les autres gemissent sous le poids des violences. Cependant le Roy arme, & cela, dit-on , pour de grands desseins , mais j'oserois bien dire que toutes ses entreprises

se

PREFACE.

se reduiront à contenir
ses peuples dans leur de-
voir, ce qui fera faire de
plus belles expeditions ,
que d'emporter quelque
place qui lui coûteroit ,
peut-être, cent fois plus
qu'elle ne vaut. Le temps
nous apprendra toutes
choses ; il faut esperer
que la chance tournera,&
que sa Majesté , ayant
mis à l'eprevve ses meil-
leur sujets, les aimera fi-
nalement en considera-
tion de l'obeïssance aveugle qu'ils lui ont rendüe,
& des marques sensibles
qu'ils

qu'ils viennent de lui
donner qu'ils ſont bien
éloignez de cet eſprit de
ſedition dont on les a ſi
ſouvent accuſez.

RE-

REFLEXIONS
POLITIQUES

*Par lesquelles on fait voir
que la Persecution des Reformez, est contre les veri-
tables Interêts de la
France*

L n'y a personne qui ne convienne, que la principale force d'un Etat consiste en la multitu-de des peuples qui l'habitent. Aussi voions nous que tous les Princes qui ont songé de plus prés à leurs affaires, ont toûjours eu grand soin d'y attirer les étrangers, en

A

fa-

faveur de qui bien souvent ils ont établi des loix encore plus avantageuses, que pour les habitans naturels. Leur but en cela a esté tout-à-fait judicieux, & ils sçavoient bien qu'il leur falloit accorder quelque chose, qui fut capable de leur faire oublier l'amour du païs, qui a tant de peine à s'effacer de l'esprit des hommes. Si je voulois remonter bien avant, je trouverois mille exemples de ce que je viens de dire, aussi bien que du dommage qu'ont reçû les Princes, qui bien loin d'user de cette Politique, ne se font gueres mis en peine de conserver leurs sujets : mais comme c'est une affaire claire de soy même, je crois que je n'ay pas besoin de me servir de ces authorités, pour justifier que ce qui se passe aujourdhuy dans la France, à dequoy étonner tout le monde.

Je veux parler de cet Edit qui
vient

vient de chasser de ce Roiaume un nombre infini de personnes , a qui l'on n'a jamais attribué d'autre crime , que celuy de n'étre pas de la religion du Roy.   Mais ce qui a dequoy surprendre davantage, c'est qu'il part d'un Prince si sçavant dans l'art de regner , qu'il n'y en a point eu dans tous les siecles precedens aucun qui l'ait surpassé. Cette qualité reconnüe universellement de toute l'Europe , fait que chacun s'efforce de penetrer par quelle politique il peut avoir entrepris un coup qui entraine aprés soy de si grandes consequences, & comme les merveilles de son régne font croire qu'il ne peut faire de fausse demarche, l'on suspend son jugement, pour tacher de decouvrir par quel principe il peut agir. Il n'y en peut avoir que deux, l'un que se voiant sur les termes de donner la loy à toute l'Europe,

il

4

il croit qu'il n'y ſçauroit parvenir
s'il n'engage le Pape à favoriſer
ſes grands deſſeins. Ainſi il veut
bien riſquer beaucoup, pour
gaigner encore davantage. Mais
il pourroit bien s'abuſer, & les Papes d'ordinaire n'ont pas tant de
ſoin du ſpirituel, qu'ils veuillent
l'acheter aux depens de leur
temporel. Or comme perſonne
n'en doute, ils décheroient
beaucoup de leur authorité, ſi le
Roy venoit à bout de tout ce
qu'il peut avoir dans la tête. J'a-
vouë bien que leur troupeau croi-
ſtra, à meſure que les Proteſtans
diminueront, mais ils faut ſavoir
s'ils voudroient ſe reduire au do-
maine des anciens Papes, & s'ils
pouroient ſe reſoudre à entrer
dans une dependance, dont ils
ne pouroient plus ſe diſpenſer, ſi
le Roy avoit fait plier ſous ſa
puiſſance toutes les autres puiſſances de l'Europe.

Je

Je ne ſaurois donc croire que ç'ait été là le motif qui ait fait agir le Roy, il eſt trop ſage, & trop prudent, pour s'être flatté d'un ſuccés ſi peu vraiſemblable, principalement dans un temps ou l'on ſait qu'il ſe fait beaucoup de choſes par Politique, & fort peu par une veritable pieté. Le ſecond motif qui peut l'avoir porté à ce qu'il a fait, eſt la crainte qu'il a pu avoir d'une Religion contraire a la ſienne. On luy a peut être inſinué, qu'un Etat n'eſt jamais en ſureté, tant qu'il y a deux Religions. Il a peut-être leu l'Hiſtoire du ſiecle precedent dans quelque Autheur paſſionné, comme peut-être le Pere Maimbourg. Il y aura veu ſans doute une peinture du Calviniſme fort oppoſée à la verité, & il aura peut-être juré dans ce moment la ruine d'une Religion qu'il ſe ſera figurée avoir pris naiſſance par

A 3

des

des principes que luy impute cet Autheur. Mais non ; cela n'eſt pas à preſumer d'un Roy ſi éclairé, quoy que l'Hiſtoire ſoit un miroir pour les Princes, le bon ſens leur apprend qu'il ne faut pas tellement s'y aſſurer , qu'il ne faille peſer toutes les raiſons de part & d'autre. Il pouvoit y avoir en ce temps là des Grands qui couvroient leur ambition du voile de la Religion ; ce que je n'avoüe pas pourtant ; mais aujourdhuy ce n'eſt plus le temps, la Religion Reformée n'eſt plus à la mode en France, & comme elle éloigne des grandeurs, ceux qui en font profeſſion, ceux qui aſpirent à ces grandeurs s'en ſont éloignés d'eux mêmes, ſans qu'on ait été obligé de leur faire aucune violence. Qu'eſt-ce donc que le Roy avoit à craindre d'une Religion, ou il ny avoit plus de chef : tous ceux qui y étoient reſtés,

étoient

étoient gens fans credit, & fans force, d'ailleurs gens craignant Dieu, & aimant leur Prince, & par confequent incapables d'aucune rebellion.

Il pouroit y avoir un autre motif, qui auroit fait agir le Roy, favoir l'envie de poufler bien avant fa renommée dans les fiecles à venir. Au refte il eft conftant qu'on luy a pu infinuer que c'étoit le meilleur moien de fe rendre recommandable à la pofterité, j'en conviens, & même que cette action eft beaucoup plus hardie, que pas une qu'il ait entreprife dans fon Regne. Mais auffi qui eft ce qui voudra nier, qu'il ne rifque infiniment en faifant cela? Ny a-t-il pas beaucoup à perdre pour luy, & rien du tout à gaigner, & ne le peut il pas reconnoître luy-même. Je n'ay donc garde de croire que ç'ait été là fa raifon, il étoit affés

com-

comblé de gloire par mille victoires qu'il a remportées , sans re-
chercher à se rendre plus recommandable par un endroit si dangereux. D'ailleurs à bien examiner
les choses , quelque hardiesse
qu'il y ait dans un projet, on
n'en tire pas toûjours de la gloire,
s'il n'est accompagné de toutes les
autres vertus.   Or quelque profond respect que j'aye pour un si
grand Roi, j'ai peine à m'empêcher de dire , que lui qui est le
plus juste de tous les Princes,
s'est laissé prevenir contre de pauvres sujets, qui joüissoient de
l'exercice de leur Religion à l'a-
bri de sa parole Roiale. Ce sera
donc une espece de tache dans
l'Histoire d'une si belle vie,
quand on saura qu'un si grand
Prince, & recommandable par
tant de vertus, aura mis pour
ainsi dire, le poignard sous la gorge à un nombre infini de peuples,
pour

pour les obliger à renoncer à leur
Religion. Avec quelle peinture
ne fera t-on point voir à la posterité toutes les violences qui ont
précedé un Edit si rigoureux, un
Edit qui en viole mille autres , &
à qui l'on n'a pu même donner la
moindre apparence de justice,
quoy qu'il ait été fabriqué par les
plus habiles gens du Roiaume.
Car enfin sous quel pretexte le
Roi y défend t-il l'exercice de la
Religion Reformée , parce que
dit-il, il s'est converti un nombre infini de gens de cette Religion depuis quelques années , &
que par conséquent il n'est plus
necessaire ni de Ministres, ni de
Temples , qu'on n'avoit accordés que dans le temps qu'il en
étoit besoin.

C'est ainsi qu'on fait parler le
Roi, mais je me donnerai bien de
garde de lui attribuer un discours
fait, si je l'ose dire, avec si peu
A 5　　　　de

de jugement : ceux qui le font
parler de la forte ne le font que
pour leur interêt particulier. Ils
ne fe foucient pas de lui faire faire
un pas, qui lui peut être de fi grande confequence, & qui quoi qu'il
en arrive, doit toûjours le faire
paffer pour un Prince, qui ne fe
fera pas fouvenu de fa parole
Roiale.   Car enfin le Roi avoit
juré à fon Sacre d'entretenir les
Edits accordés par le Roi fon pere, & par Henri le Grand de glo-
rieufe memoire fon Aieul.   Or
combien les gens de la Religion
Reformée en avoient ils obtenu
de ces deux Princes, fans parler
des anciens Edits, qui leur avoient
été accordés fous les Regnes precedens.   Je n'ai peut-être pas
beaucoup de tort de dire qu'on
fait faire ce pas au Roi par des interêts particuliers.   Il n'y a point
de Miniftre qui ne foit bien aife
d'avoir un Chapeau de Cardinal
dans

dans fa famille, l'argent ne peut
rien auprés du Pape d'aujourdhui
il falloit donc un fervice auffi
fignalé que celui-ci, pour le faire revenir de l'averfion qu'il
avoit conçûe pour un fujet qui lui
avoit été propofé plufieurs fois,
& quand bien même cette averfion continueroit toûjours, ni
a-t-il pas des enfans a lui propofer
à la place de l'Oncle. Voila peut
être le denoüement de toute cette
piece , & je ne craindrai point
même de dire que le voila effectivement. Une preuve de cela eft
la grande complaifance, que l'on
vient, d'avoir encore pour le Pape
en le rendant Arbitre des differens, que Madame la Ducheffe
d'Orleans a avec l'Electeur Palatin. Il n'y a que trois ou quatre
ans qu'on vouloit avoir à toute
force les places qui accommo-
doient dans ce petit païs, & cela
fous pretexte d'une dependance,

A 6   que

que le feu Electeur conteſtoit fortement. Je n'entre point en diſcuſſion s'il avoſt raiſon, ou non, cela n'eſt point de mon fait, mais tout ce que je puis dire, c'eſt qu'on n'avoit pas la complaiſan-ce, alors de mettre les choſes en arbitrage. Mr. de Monclat eut ordre de ſe ſaiſir des places en conteſtation, mais aujourdhui que les choſes ſont plus claires, ou du moins qu'il y a plus d'apparen-ce de juſtice, on change de pro-cedé. Au reſte je demande ſi ce-la ne vaut pas bien un Chapeau de Cardinal, & ſi le Pape n'au-roit pas tort de le refuſer aprés cela.

Cependant c'eſt au Roi qui eſt un Prince ſi ſage, & ſi éclairé, de voir par quels motifs on l'em-barque dans une affaire ſi delica-te. Il eſt, je l'avoüe, le plus glorieux, & le plus puiſſant Prin-ce de l'Europe, mais on a veu

rui-

ruiner de plus puiſſans Empires
que le ſien, par une conduite ou
il y avoit moins à redire. Je ſais
bien qu'on ne va pas manquer de
dire, que c'eſt proferer une eſpece de blaſpheme, que de dire ce
que je dis.   Il n'eſt pas permis,
je l'avoüe, à un ſujet de blâmer la
conduite de ſon Prince, & encore
d'un Prince comme le nôtre, qui
eſt l'admiration des étrangers, auſſi bien que de ſes peuples. On dira
encore qu'on voit bien d'ou part
ce chagrin, & que c'eſt une plain-
te que je n'ai pu m'empêcher de
donner à un exil, qui m'eſt commun avec tant de miſerables.   Il
en eſt quelque choſe, j'en conviens, & il faudroit que je fuſſe
bien inſenſible pour quitter mes
parens, mes amis, & ma patrie,
ſans reſentiment.   Mais enfin,
quelque peine que cela me faſſe,
je ne crois pas qu'on me puiſſe
accuſer d'aucune prévention. Je

A 7

n'an'avance rien que je ne pretende prouver par de bonnes, & de solides raisons, & c'est sur quoi je me soumettrai toûjours à la censure des honêtes gens, c'est-à-dire de ceux qui étant sans preoccupation, aussi bien que moy, liront ce petit ouvrage sans préjugé d'aucune Religion.

CHAPITRE I.

Que c'est avoir peu de soin de l'honneur du Roy que de lui faire prendre le pretexte qu'il a pris pour chasser les reformés.

Jusques ici tous les édits que l'on avoit veu sortir de dessous la presse contre les Reformés, avoient eu quelque pretexte apparent, & quoi qu'il leur fût facile d'y répondre, pour peu qu'on les eût voulu écouter, toutesfois

dois-je

dois-je convenir, qu'on avoit toujours gardé quelques mesures,
avec eux, soit pour jetter de la
poudre aux yeux des etrangers ,
ou pour faire accroire aux peuples, qu'il y avoit quelque espece de justice dans tout ce que l'on
faisoit. Il est a croire qu'on a tenu
cette conduite pour ne pas jetter
d'abord les gens dans le desespoir.
Cependant les plus éclairés voioient bien où tout cela alloit ,
quelque soin que l'on prît de de-
guiser les choses. En effet , s'ils
se plaignoient au Roi des injustices qui leur étoient faites , il
leur donnoit des parolles par ou
ils se flattoient encore qu'il n'ap-
prouvoit pas toutes les violences
qu'on exerçoit à leur egard. Il
y avoit beaucoup a dire que les
Ministres leur parlassent de même. Ils ne leur donnoient audience qu'avec des peines inconcevables, & quand on étoit assez
heu-

heureux d'en pouvoir aborder ils faifoient paroitre tant de partialité qu'on voioit bien qu'on avoit à faire à des parties, plutôt qu'a des juges. Cela donnoit lieu je l'avoüe de fe defier des fuites mais avec tout cela on fe confoloit de fon malheur, dans la penfée qu'ils contribuoient tout feuls à tant de difgraces ; on efperoit même que le Roi cefferoit quelque jour d'avoir tant de confiance en eux : & ce qui le faifoit croire, c'eft que ce Prince affuroit toûjours qu'il ne faifoit point de difference entre fes fujets de la Religion Reformée, & les autres. Par cette politique qui faifoit retomber tout le reffentiment fur eux l'on a ruiné infenfiblement ceux de cette religion , & quoi qu'il fe fît beaucoup de chofes, qu'on ne pouvoit excufer que par la volonté du Souverain. Toutesfois c'étoit une efpece de confola-

folation de fçavoir qu'on avoit un Prince qui pouvoit bien faire quelque chofe à la perfuafion de fes Miniftres, mais qui du moins ne les voudroit pas écouter, fuppofé qu'ils vouluffent pouffer les chofes a l'extremité. Cette confiance a endormi les plus foupçonneux, & l'on ne fçauroit s'empecher de convenir que la politique étoit adroite, puifqu'elle fauvoit l'honneur du Souverain. Mais aujourdhuy ceux du confeil viennent de montrer que c'eft dequoy ils fe foucient le moins, puifqu'ils viennent de lui faire faire un pas qui apprétera beaucoup à parler a la pofterité. Et defait quand on viendra à lire l'Hiftoire de ce fiécle, ce ne fera pas un petit fujet d'étonnement de voir qu'un Roy, qui n'avoit pas fon pareil dans toute l'Europe, foit pour la prudence, foit pour la fageffe, ou pour la juftice

ce, n'ait pas cherché du moins un pretexte plausible pour authoriser une action comme celle là; ses ministres de même perdront beaucoup de leur reputation, quand on viendra à considerer, qu'ils l'ont engagé dans un pas si glissant, sans se soucier d'y trouver seulement la moindre apparence de raison. Car enfin quoi qu'un Souverain ne soit pas comptable à ses sujets d'aucune de ses actions. neanmoins il leur doit la justice aussibien qu'aux autres. Il en faut toûjours revenir à ce qui est du devoir, & qui dit Roi dit bien un homme qu'on ne peut pas assujettir aux loix, mais qui s'y doit assujettir lui-même selon Dieu, & la raison. Or qu'y à-t-il de plus contraire à l'un & à l'autre, que de vouloir forcer les consciences? Dieu lui même nous laisse nôtre liberal arbitre, la raison

son d'un autre côté nous apprend ce qui est du bien, & du mal. La nature même nous donne de l'horreur de tout ce qui nous fait violence. Cependant on veut que des hommes, qui sentent ces mouvemens de la nature, qui croient raisonner juste sur leur salut, & qui enfin savent qu'ils sont nés libres, subissent volontairement un joug, que des gens qui seroient dans l'esclavage, ne voudroient pas porter.

Ce sont là les Conseils de ceux qui approchent la personne du Roi. Mais si l'on jette les yeux sur la maniere, dont ils se prennent pour venir à bout de leurs desseins, certes l'on ne peut assés s'étoner de leur aveuglement. Je tombe d'accord qu'ils ont rendu de grands services à la Couronne, & que sur ce pied là, tous leurs avis doivent passer pour autant d'Oracles. Cependant, quelle
be-

beveüé ne font ils point , lors
qu'ils mettent au jour un Edit,
comme celui qui vient de paroître. Si leur Politique leur con-
feilloit de bannir nôtre Religion,
ne devoient ils pas du moins chercher un pretexte plaufible , au
lieu d'alleguer, comme ils font,
qu'il n'eft plus befoin de Temples
ni de Miniftres, puis qu'il s'eft
converti un nombre infini de
peuples depuis quelques années,
& que ce qui en refte n'eft pas autrement confiderable. Ne pouvoient ils pas dire , que la rebellion qui éclatta il y a deux ans
dans le Vivarets, nous rendoit
indignes des Edits à l'abri def-
quels nous vivions en repos. Il
eft vrai qu'il feroit facile de re-
pondre que le crime de quelques
particuliers ne fait rien pour le
general, comme en effet c'eft la
verité ; mais enfin on n'auroit
pas été reçû à des juftifications,

&

& puis qu'il ne s'agiſſoit que d'un
pretexte, en voila un qui étoit
tout trouvé.   Ne pouvoit on pas
dire encore que nous avions re-
cherché la protection des étrangers? Qui eût aprofondi ce miſtere, & quoi que nous euſſions
bien ſû que cela n'étoit pas, n'é-
tions nous pas parties, pour n'en
être pas crus ſur nôtre parole ?

Voilà comme on pouvoit ſauver l'honneur du Roy, & non
pas le commettre, comme on a
fait, en lui faiſant manquer de
parole. Quel pretexte, Grand
Dieu, que celui que l'on prend
Il n'y a plus de Reformés en France, à ce que dit l'Edit, ou du
moins le nombre en eſt ſi petit ,
qu'il n'eſt plus beſoin ni de
temples, ni de Miniſtres. Cependant il en eſt deja ſorti plus de
cinquante mille ames , quelque
ſoin que l'on prenne de garder les
paſſages, & ſi on vouloit les dé-
bou-

boucher, il en fortiroit dix fois autant en vingt quatre heures. Voila ce qu'enfeigne noftre religion c'eft à dire de tout quitter, plutoft que de trahir nos confciences. Ce n'eft pas pourtant le fentiment de nos ennemis, ils nous accufent de libertinage, mais s'ils étoient a nôtre place, ils ne feroient peut-étre pas fi zelés. Devant que de quitter leurs biens, & leur pais, ils y fongeroient plus d'une fois, mais il ne s'agit pas de cela prefentement, mon but feulement eft de faire voir que c'eft une chofe étrange que le peu de mefure que l'on garde dans noftre perfecution, on ne fe foucie pas feulement de chercher un pretexte, ou plutoft Dieu a affés aveuglé ces malheureux confeillers, pour ne pas voir combien ils expofent par là le repos & la reputation du plus grand Roi de la terre : car enfin ce n'eft point

ce

ce grand Prince qui fait cette lourde faute, ni qui ufe d'une fi grande violence. On lui a propofé quelques raifons de politique, dont on luy a fans doute caché le venin, mais que je me promets bien de découvrir dans la fuitte de ce difcours. On lui a fait accroire, disje, qu'il y alloit de fa feureté, à reünir les deux religions en une, & il ne s'eft pas donné la peine d'en examiner les confequences, par la confiance qu'il prend en ceux qui luy ont fait cette propofition. Il ignore l'intereft qu'ils ont de fe rendre agreables au Pape, & il ne voit pas en un mot, que pour honorer leurs familles, ils deshonorent le Regne le plus glorieux que nous aions eu depuis le commencement de la Monarchie.

Si le Roi ignore ces chofes, il n'eft pas mieux inftruit du conte-

nu

nu de l'Edit. Un Roi plein de lumiere, n'auroit jamais pris un pretexte, que quinze cent mille ames
ont dementi le même jour qu'il
eſt venu à leur connoiſſance. C'é-
toient des proceſſions continüelles, pour s'aller informer à droit,
& à gauche, ſi ce qu'on diſoit étoit
vrai, & l'on ne le pouvoit croire, prévenus, comme l'on étoit,
qu'on avoit affaire à un Roi,
dont la juſtice & la bonté, n'é-
toient pas moindres que l'eſprit,
& la valeur. Mais enfin l'on n'a
été que trop tôt aſſuré de ſa diſgrace, ce qui a jetté un chacun
dans une conſternation plus aiſée
à s'imaginer, qu'à décrire.

Je viens d'expliquer quel eſt le
contenu de cet Edit, ſurquoi il
n'eſt pas dificile de conclure, qu'il
faut qu'il y ait eu un grand aveuglement, pour s'être ſervi de ce
pretexte. Mais ſi cela ſe découvre
clair comme le jour, je crois que la
ſuite

suite le fera voir encore mieux.

Il est constant que l'imprudence à cela de propre, qu'à chaque pas qu'elle fait faire, l'on s'enfonce toûjours plus avant dans le bourbier. C'est ce qui est arrivé justement aux malheureux Conseillers de cet Edit, que je dirois le plus injuste de tous ceux qui sont jamais sortis de dessous la presse, si ce n'est qu'il porte le nom d'un Prince, pour qui en quelque état que je puisse être, je conserverai toûjours un respect inviolable. Je crois que nous en sommes tous de même, & quelque malheureux qu'il nous rende, je ne saurois me mettre en tête qu'on puisse jamais l'oublier, pour moi je me souviendrai toûjours qu'il ni a point de douceur comparable à celle que l'on goûte sous son Regne, & je dois rendre ce témoignage à la verité, qu'il n'y a point d'endroit au

B

Mon-

Monde, ou il y ait plus d'ordre, que dans son Roiaume. Peut-être je me serois bien passé de cette digression, & cela ne paroit pas avoir beaucoup de raport avec ce que je traite ici, mais je dirai ce qui m'y à poussé. J'ai été bien aise de donner une veritable Idée de mes sentimens, afin de ne point passer pour un homme passionné.

Quoi qu'il en soit, pour revenir à mon sujet, je dis donc qu'on ne sauroit faire une faute, qu'on ne s'en apperçoive bientôt. C'est ce qui est arrivé à ceux, dont j'ai parlé. A peine l'édit à-t-il été publié, qu'ils ont reconnu, que quelque violence qu'il y eût dans leur procedé, elle n'étoit pas encore capable d'abatre une Religion qui se conservoit pure & entiere depuis vingt ans de souffrance. Ils ôtoient bien les Temples, mais ils laissoient la liberté de con-
scien-

science , ainſi s'imaginant comme c'étoit la verité que quoi que l'on fût privé d'un exercice public, on ne laiſſeroit pas de perſiſter dans ſa croiance, ils ont à la fin levé le maſque, & obligé chacun à renoncer à ſa Religion. Je tais des cruautés inouïes qu'on à exercées pour en venir à bout, je paſſe pareillement ſous ſilence mille actions heroïques de ceux qui ont mieux aimé tout quiter, que de trahir leur conſcience; aſſés d'autres que moi en parleront, & tout ce que j'ai à faire, eſt de montrer le peu de ſoin qu'ont eû de l'honneur du Roi, ceux qui lui ont conſeillé une choſe ſi extraordinaire. Puisqu'ils vouloient en venir là, que ne le faiſoient ils tout d'un coup, ſans donner un édit, ou il ſembloit du moins qu'on vouloit laiſſer mourir les gens , comme ils avoient vêcû. Ils declarent par cet Edit

 que

que le Roi prend en sa protection
tous ses sujets de la Religion Reformée, pourvû qu'ils ne s'af-
semblent point pour prier Dieu
au préjudice de ses défenses. Il
ordonne même aux Juges de tenir la main à ce qu'il ne leur soit
rien fait ; ni rien dit. Cependant dans le même temps que cet
Edit se publie, les troupes mar-
chent de tous côtés pour convertir ces pauvres malheureux; ce sont
ces Docteurs qu'on y emploie,
trente soldats dans une maison,
vingt dans l'autre, & ainsi par
tout, jusques à ce qu'ils aient réduit les gens dans la derniere necessité. Mais on n'en demeure
pas là, ces nouveaux Boureaux
égorgent leurs hôtes, s'il faut
ainsi dire, du moins ils les bat-
tent tant, quand ils sont saouls,
que le sang ruissele de tous côtés.
Mais il est bien juste que cela se
passe ainsi. Ce sang est ce qui
com-

commence à rougir le Chapeau,
pour qui fe joüent toutes ces tra-
gedies ; tant il eft vrai, qu'il n'y
a rien de fi dangereux que l'ambition. L'on verra par la fuite
que ce que je dis ici n'eft pas tant
un effet de mes réflexions, que
de la verité. Je ne parle pas fans
favoir, & du moins la même chofe m'a été dite, plus de trois mois
avant que l'on entendît parler de
l'Edit. Auffi, comme j'ai déja
remarqué, c'eft le moins que
puiffe faire le Pape aprés un fi
grand fervice, petite recompenfe neanmoins, pour une action
qui ternit la gloire de nôrre grand
Monarque. Car enfin il n'y a
gueres de difference entre ce qui
fe paffe aujourdhui, & ce qui fe
paffa du temps de Charles I X.
Je veux parler de la St. Barthele-
mi journée fi renommée dans
l'Hiftoire, & quoi qu'il ne s'y
répande pas tant de fang, il n'y a

gueres cependant moins de cruauté. Je tombe d'accord qu'on n'y égorge personne, mais ne vaudroit il pas mieux qu'on le fît. N'y a-t-il pas plus de cruauté, dis-je, d'obliger un nombre infini de miferables d'aller mandier leur vie dans un païs étranger, que de les faire mourir tout d'un coup. Encore bien heureux ceux qui y peuvent arriver, ils ont du moins la confolation de n'avoir rien fur leur confcience, qui leur faffe de la peine ; mais laiffant tout cela à part, je me contenterai d'examiner, fi veritablement c'eft un bon confeil qu'on a donné au Roi, ou non, c'eft ce que je vais faire avec le même efprit, que fi je n'y avois aucun interêt.

CHAP. II.

Chapitre II.

Que le Roi s'est fait plus de tort en persecutant les Protestans, que tous les envieux ne pouvoient faire dans une guerre ouverte.

CE n'est pas la grandeur du païs qui rend un Prince puissant, mais le grand nombre d'habitans qui y demeurent. C'est une chose qui parle de soi-même, & sans qu'il soit besoin de chercher de grandes raisons pour le prouver, l'on n'a qu'a jetter les yeux sur la France, & sur l'Espagne. L'on y verra un exemple de ce que je dis, l'une abonde en toutes sortes de biens, l'autre est pauvre au milieu de toutes ses richesses. D'ou vient cela, de ce que dans l'une, il n'y a pas un poulce de terre qu'on ne fasse valoir, & que dans l'autre on passe

des

des campagnes entieres sans remarquer que la charüe y ait été
depuis long-temps. Or on ne
doute point que le Prince qui
possede le païs ou est l'abondance,
n'en reçoive de l'utilité, tout de
même que celui qui possede l'autre , ne se resente de sa misere.
La chose n'est pas difficile à comprendre, il n'y a gueres de den-
rée, qui ne paye quelque Droit ;
ainsi le Prince remplit ses coffres à
mesure que ces denrées se consu-
ment dans ses états, ou qu'elles
en sortent, & celui qui n'en re-
ceuille point, ne peut jouïr de
cet avantage. D'ou vient que
l'Espagne se trouve aujourdhui
dans ce facheux état ? Est-ce
que son païs ne vaut rien? Non,
ce n'est pas cela , & s'il étoit peu-
plé, comme la France, il y a
beaucoup d'endroits, ou l'on feroit
la même recolte, mais les habitans y manquent, & cela vient
d'une

d'une faute que les Espagnols firent autres fois, pareille à celle que vient de faire la France aujourdhui. Ils chafferent les Mores, & depuis ce temps-là le païs est demeuré si desert, qu'il n'y a pas la moitié des personnes qu'il faudroit, pour l'habiter.

Au reste il nâit beaucoup d'inconveniens d'une pareille chose. J'en viens de remarquer un, mais c'est là le moindre, & il y en a beaucoup d'autres plus considerables, celui qui l'est le plus à mon avis, est que la faineantise s'engendre d'ordinaire dans les habitans, qui demeurent dans ces sortes de païs. La raison est, qu'aiant plus de terres qu'il ne leur en faut pour vivre, ils ne font point excités à travailler. Ils ne ressentent point l'aiguillon de la necessité, qui est d'ordinaire la mere de l'invention, dorment tranquilement la grasse matinée,

B 5

&

& enfin ils ne croient pas être venus au monde pour prendre la
moindre peine. Cela eſt ſi vrai en
Eſpagne qu'ils ne voudroient pas
faire leur recolte eux mêmes, ils
y appellent les étrangers, pendant qu'ils demeurent tout un
jour au coin d'un pignon, regar-
dant pour ainſi dire, de quel côté vient le vent. Je laiſſe à penſer ſi ces gens là ſont propres à
être ſoldats; autre inconvenient
dans un état, ou il eſt ſi neceſſaire d'en trouver; puiſque c'eſt
de là qu'on peut attendre de contenir les ennemis dans des bornes
legitimes.

Si tous ces malheurs ne ſont
venus aux Eſpagnols, que pour
avoir dépeuplé eux mêmes leur
païs, n'eſt il pas vrai que c'étoit
un bel exemple aux Miniſtres du
Roi tres-Chrêtien, pour ne pas
tomber dans la même faute. J'a-
voüe, que quand on laiſſeroit
ſortir

fortir jufques au dernier des Reformés, cela ne feroit pas capable de faire un fi grand defert. Mais enfin quinze cent mille ames hors d'un petit roiaume comme la France, ce n'eft pas toujours dequoi l'accommoder. Quelques-uns d'ailleurs s'occupent au trafic, d'autres aux armes, d'autres au labourage, & quand cela vient à manquer, tout d'un coup, il eft impoffible qu'il n'y paroiffe. Voilà cependant a quoi fe font expofés ceux qui ont donné ce beau confeil au Roi, ils le privent de mille bons Officiers, qui l'avoient fervi utilement & fidelement dans la derniere guerre. Combien y en a t-il qui s'en font déja allés, & combien y en aura t-il encore qui s'en iront, croient ils que la rigueur faffe plus d'effet que la douceur dont ils fe font fervis auparavant pour les gaigner, & qu'ils accompagnoient

B 6

de

de tant de belles promesses ? y a
t-il un seul Officier, pour peu
qu'il en vaille la peine, a qui le
Miniſtre de la guerre n'ait dit mille & mille fois que le Roy avoit la
meilleure volonté du monde pour
lui, mais qu'il falloit ſe mettre en
état dela meriter.

Que la Religion Reformée
étoit un obſtacle aux recompen-
ſes, & qu'il falloit le lever, ſi non
demeurer toujours dans le poſte
ou l'on étoit. Or ſi l'on a été capable de reſiſter a des paroles ſi
touchantes, & venant encore d'un
miniſtre, qui peut élever, ou
détruire tout auſſi facilement
qu'il peut parler, n'eſt ce pas s'a-
buſer grandement que de prétendre que de telles gens ſe laiſſeront
ébranler par les menaces. On peut
bien feindre d'être Catholique,
puiſque c'eſt le ſeul moien aujourdhui d'éviter les perſecutions,
mais il n'eſt pas croiable qu'on le
de-

devienne effectivement, il reste toujours un levain de ce que l'on a été, & quand on vient a faire comparaison de ce que l'on quite, pour ce qu'on prend, l'échange en paroît encore plus extraordinaire. Le moien aussi de s'accoutumer a des nouveautés dont on a ouy faire toute sa vie un portrait comme d'un culte plein d'Idolatrie, & est-ce le moien d'en reconnoitre la verité, supposé qu'elle y fût, que d'être obligé de le faire le poignard sous la gorges.

Voila pourtant les Catholiques que l'on fait aujourdhui, ils vont à la messe, parce qu'on ne veut pas qu'ils sortent du Roiaume, & on les laisse retourner a leur charges, tout de même que si l'on pouvoit y prendre confiance, & moi je dis que voila une politique tout a fait extraordinaire, & qui ne sçauroit jamais avoir que de mé-

chan-

chantes fuites pour le Roi , & pour l'état, le moien de croire que de telles gens puiſſent fervir dorénavant de bon cœur , & avec fidelité. Ne ſe reſſouviendront ils pas toujours de la violence qu'on leur fait , & fi on leur bouche aujourdhuy les paſſages , ne trouveront ils pas moien un jour de fe les ouvrir. Mais quel inconvenient ne peut il point ariver de leur fuite ? ne peuvent ils pas prendre le temps de s'en aller , quand ils feront de garde ou peut-être même en prefence de l'ennemi , & tout le falut d'une armée ne depend il pas bien fouvent d'une telle action. Mais je vois bien ce que c'eſt ; ceux qui ont donné un fi méchant confeil , n'ont eu garde de faire ces fortes de reflexions. Comme ils n'ont de la Religion qu'exterieurement , ils ne croient pas qu'elle foit capable de produire ces grands effets. Ils ne jugent

des

des autres, que par eux memes, &
se sentant disposés à tout faire
pour leur fortune, ils veulent que
chacun fasse la même chose.

C'est en quoi, Ils prennent de
fausses mesures. Ils devroient
considerer, que des gens qui ont
refusé de grosses pensions, des
honneurs, des Gouvernemens,
& mille choses semblabes, ne seront pas capables de se laisser con-
duire le bâton à la main. Ils
sçavent la réponse que les gens ont
faite à toutes leurs offres, sçavoir
qu'ils ne trahiroient pas leur con-
science pour quoi que ce fût. Ils
ont été obligés de leur dire eux
mêmes, que puisqu'ils croioient
être dans le bon chemin, ils y de-
meurassent.

Or qu'esperer apres cela, & n'est-
ce pas une grande imprudence
que de prétendre que de telles
gens se rendront à la necessité? Y
en a-t-il de plus grande que de faire
son

ſon ſalut, & n'eſtce pas une grande marque que ces gens croient ne
le pouvoir faire que dans leur religion, puiſqu'ils ont refuſé de ſi
grands avantages. Cependant je
vois bien encore ce qui a abuſé les
miniſtres. C'eſt qu'ils croient que
tont le monde reſſemblera à de
certaines gens , qui apres avoir
paru fort zelés, ont marchandé
avec eux pour faire le pas qu'ils
deſiroient. Tel a été Dauger. Il
y avoit un an, devant qu'il ſe fît
Catholique, qu'il vouloit avoir
un Gouvernement pour changer
de religion. On ne vouloit luy
donner que des penſions, mais cela ne le contentoit pas ; il ſçavoit
que ces ſortes de choſes ſont ſujet-
tes a s'ôter facilement , ainſi il
s'obſtinoit à ne rien faire ſans cela.
Son entêtement embarraſſoit le
Miniſtre de la guerre, car il vouloit d'ailleurs que ce fût le premier qui viendroit à vaquer, afin
qu'on

qu'on ne le fît pas attendre trop
long tems, Il n'i avoit gueres de
moien de réfoudre cette difficulté, & de fait on n'étoit pas bien aife a la cour de le mettre dans toutes
fortes de places, je n'en fçais pas
la raifon, car il eft affés vieil officier, pour fcavoir fon métier,
& d'ailleurs je ne crois pas qu'on
foit en doute de fa fidelité. Quoi
qu'il en foit, comme l'affaire trai-
noit, & que le miniftre ne vouloit pas le laiffer échaper, d'autant plus qu'il avoit toujours paru
fort attaché à fa religion, & que
par confequent fon exemple pouvoit faire grande impreffion fur
les autres, il arriva que Lancon
Gouverneur de Meziéres devint
comme paralitique de la plus
grande partie de fes membres, ce
qui fit juger qu'il n'iroit pas bien
loin. Le Miniftre ravi de cette
occafion offrit ce gouvernement a
Dauger, ce n'étoit pas grand chofe,

se , mais comme ce Gouvernement étoit pres de son bien , il
tomba d'accord de le prendre.
Cela fit mourir le pauvre Lancon
encore plutost qu'il n'auroit fait,
car aiant demandé a la Cour pour
recompense de ses longs services,
& d'un bras qu'il avoit perdu dans
la derniere guerre , qu'on lui per-
permît de se demettre de sa charge
en faveur d'un homme du métier
qui lui donnoit quelque argent
pour aider à pousser ses enfans, il
en fut refusé nettement. Je laisse
à penser si cela plut à un homme
qui étoit déja assés chagrin de sa
maladie. Et je crois , comme je
viens de dire , que cela aida en
quelque façon à abreger ses
jours.

Si tout le monde ressembloit à
celui dont je viens de parler, il est
sans difficulté que le Roi n'auroit
pas beaucoup à apprehender, puis
qu'il a assés de graces entre ses
mains

mains pour gaigner ceux qu'il voudroit avoir. Mais enfin il se trouve des gens au dessus de toutes les promesses, comme il paroist par ce que j'ay dit ci devant. Je sçai bien qu'on se sert de mille autres artifices pour les gaigner, on commence à leur dire qu'ils étoient peut-être retenus en ce tems là par la crainte, qu'ils pouvoient avoir, qu'on ne se mît en tête, que ce qu'ils en auroient fait n'étoit que par ambition. Que tout étant changé maintenant par l'Edit ils ne doivent plus appre-hender de reproche de personne. Mais ces raisons ne sont bonnes qu'a des gens qui n'ont point de religion. Un homme de bien a toujours les syndereses de sa con-science & quand on ne fait les choses que dans la veüe du mon-de, on ne doit gueres être content de soi-même.

On peut voir par ce que je viens de dire le peu de confiance

que

que le Roi doit prendre dans les
nouveaux Catholiques. J'ajouterai
à cela, qu'il s'eſt fait un ſi notable
prejudice en croiant ainſi ſes Miniſtres, qu'il s'eſt interdit dorénavant toutes ſortes de conquêtes. C'eſt a preſent que le reſte de
la Flandres peut reſpirer. Elle ne
doit plus craindre d'être attaquée,
& il eſt trop ſage pour ſe faire des
affaires au dehors, tandis qu'il a
tant de ſujet de defiance au dedans. Car enfin, quoi qu'il ny
ait point de nation ſi affectionnée
à ſon Roi, que la nation Françoi-
ſe, il eſt toûjours à craindre, que
des gens dont on force la conſcience, ne ſe portent aux dernieres
extremités. Tant qu'on ne les
éloignoit que des charges, qu'on
ne faiſoit que leur ôter le moien
de faire ſubſiſter leurs familles, &
tant qu'enfin on ne les réduiſoit
point au deſeſpoir, il n'y avoit rien
à craindre de leur fidelité , mais
aujourdhui qu'on les veut mettre

dans

dans un état de perdition, que doivent ils avoir de plus cher que leur falut. On ne meurt qu'une fois, & mourir dix ans plutôt, ou dix ans plutârd, eft toûjours la même chofe. C'eft même une grande confolation de fçavoir qu'on meurt pour la verité, ce qui rend ce paffage bien moins effroiable. Pour moi je fuis bien heureux d'être a prefent dans un endroit, ou je puis profeffer la religion que je crois la meilleure, car en verité c'eft une étrange extremité, que d'étre partagé entre ce qu'on doit à Dieu, & ce qu'on doit à fon Prince, je fçai bien qu'un Prince eft l'image de Dieu en terre, je fçai encore que rien ne peut difpenfer de l'obeïffance qu'on lui doit, mais encore un coup, que c'eft une affaire délicate que celle qui fe paffe aujourdhui. Il femble même que la caufe de Dieu foit préferable à toute autre, &

quand

quand je le dirai, je ne ſuivrai en cela que la route que m'ont fraié les Catholiques, & le Pape mê-me. Du temps de Henri quatre, la Cour de Rome ne diſpenſa telle pas les ſujets de ce Prince de l'o-beïſſance qu'ils lui devoient ſous pretexte qu'il étoit heretique. Cependant la choſe étoit bien dif-ferente de celle qui ſe paſſe au-jourdhui, il ne violentoit per-ſonne, chacun pouvoit demeü-rer dans ſa Religion, mais au-jourdhui il faut que nous quit-tions la nôtre, pour en prendre une, ou nous croions de nous pouvoir ſauver. Etrange re-duction, & qui peut jetter les hommes dans le dernier deſeſpoir.

Il eſt à croire qu'on n'en ſeroit jamais venu à cette extremité, ſi ce n'eſt que les Miniſtres ne veu-lent plus de guerre, & qu'ils croient d'ailleurs que les affaires du Roi ſont en ſi bon état, qu'ils s'imaginent que les étrangers n'o-ſe-

feroient jamais la commencer. A
l'égard du premier, je vois quelle eft leur raifon, & beaucoup
de gens la voient auffi bien que
moi : à l'àgard du fecond, ils pouroient bien fe tromper, & quand
même les ennemis auroient été
éloignés ci-devant de cette penfée, on vient de leur fournir des
armes dont ils feroient bien mal-
avifés, s'ils ne vouloient fe fervir.
Quelle plus belle occafion peuvent ils fouhaitter, que celle qui
fe prefente, ils n'ont qu'a paroître pour croire vraifemblablement qu'ils allumeront la guerre
civile. Le Roi eft puiffant, je
l'avouë, & c'eft prefque courir
à une mort affurée, que de donner des marques de fa rebellion,
mais eft on capable de raifonner,
quand on eft au defefpoir, & de
plus, puifque c'eft une foi commune à tous les hommes de fal-
loir mourir, n'eft-il pas à prefu-
mer qu'il s'en trouvera un grand
nom-

nombre qui croiront meriter en mourant pour la Religion.

Voila à quoi on expoſe le plus puiſſant Roiaume de la Chrêtienté par une politique, mal digerée. Au reſte, quelque interêt que j'aie à la choſe, j'avoüerai franchement qu'on ne s'y pouvoit mieux prendre, qu'on avoit fait au commencement, pour nous rüiner. En nous banniſſant des charges, on obligeoit les Grands, qui ne ſont jamais dans leur centre, s'ils ne ſont à la Cour, de nous quiter, nous n'en avions tantôt plus, & pour ceux qui nous reſtoient, c'étoit ſi peu de choſe, ſi on en excepte un ou deux, qu'on n'en pouvoit prendre de jalouſie. Encore leur Religion n'étoit pas trop aſſurée, & je ne craindrai point de dire, que ſi ce n'eſt qu'ils ont eû de la complaiſance pour leurs femmes, il y a longtemps qu'ils nous auroient

fait

fait benqueroute ; Dieu veuille que je ne dife pas vrai, mais je me trompe fort s'ils font fachés de ce qui vient d'arriver. Leur conduite le fera voir, fur tout parce que fera l'un des deux, car étant étranger, & le Roi ne pouvant le violenter comme l'autre, il ne tiendra qu'a lui de fe retirer dans le lieu de fa naiffance, ou auprés de quelque grand Prince, qui ne manquera pas de le recevoir favorablement. Ce fera alors que je ferai ravi d'avoüer que j'ai fait un jugement temeraire, & je n'attendrai pas qu'on me donne la queftion pour l'avoüer. Mais je crains bien que je ne fois un trop bon Prophete, du moins je ne fuis pas feul de cette penfée.

A l'égard de l'autre, il a un pretexte plus plaufible pour obeïr. Il eft né fujet du Roi, & qui plus eft, il a bien cent mille livres de rente dans le Roiaume,

<table>
<tr><td>C</td><td>lien</td></tr>
</table>

lien affés fort dans le temps ou nous fommes pour combattre le plus grand zele. Mais je crains bien qu'un penchant fecret ne lui faffe faire tout ce qu'on voudra, peut-être me puis-je tromper, cependant je ne le crois pas, & j'ai crû entrevoir bien des fois qu'il foupiroit aprés le bâton de Marêchal de France, c'eft pourquoi je préfume qu'il ne fera pas fâché qu'on ait levé le feul obftacle qui s'y oppofoit. Car enfin il le merite pas fes fervices, & dés qu'il aura fait ce pas là je ne doute point qu'il ni ait bonne part.

Chacun ne va pas manquer de prendre pour une digreffion, ce que je viens de dire, mais je n'en tombe pas d'accord. J'ai voulu faire connoître par là quels gens nous avions à nôtre tête, & comment la Cour n'avoit que faire d'en venir à cette derniere extremité pour nous reünir. Je ne

parlerai

lerai pas d'un autre perſonne qui
pouroit, entrer en concurence
avec ces deux-ci pour la qualité,
mais non pas pour les ſervices,
puis que tout ce qu'il a de Grand,
eſt le nom.   Ainſi quelque démarche qu'il faſſe aujourdhui, cela ne peut pas tirer à conſequen-
ce, puis qu'il s'eſt toûjours mis
plus en peine de ſes procés, que
de ce qui arriveroit de la Religion.
Il y a beaucoup d'apparence qu'il
continüera toûjours dans la même indolence, & que pourvû
qu'on ne lui défende pas de plai-
der, il fera toûjours tout ce qu'on
voudra.

Ceux qui étoient obligés de
nous proteger étant dans ſes ſentimens, qu'eſt-ce que la Cour
avoit à faire de porter les choſes à
la derniere extremité. Aiant per-
cé le gros de l'arbre, ne falloit-
il pas que les branches s'échaſ-
ſent inſenſiblement.   On voioit
C 2   déja

déja tous les jours un nombre infini de converſions, tant bonnes,
que mauvaiſes, perſonne n'oſoit
faire de remontrance au Roi ſur
les perſecutions qu'on inventoit
tous les jours, voiant que les
Grands ne s'en vouloient pas mêler ; par ce moien les Edits ſe mul-
tiplioient, & la Religion s'a-
neantiſſoit, en partie par la miſere qu'apportoient ces édits, en
partie par la deſtruction des Temples, qui ne pouvoient plus ſervir de nouriture aux ames affli-
gées.

Voila ce que j'appelle une fine
Politique, voila parvenir à ſes
fins ſans rien riſquer, & voila enfin ce qu'il falloit continüer pour
ne pas mettre le Roiaume au hazard. Ce n'eſt pas que chacun
ne levât les yeux au Ciel, pour
reclamer ſon ſecours contre tant
de violence. Elle étoit reconnüe generalement de tout le monde:

de : tout le monde croit même
qu'on n'avoit jamais rien vû de
pareil, mais comme on n'atta-
quoit directement les Eglifes que
les unes aprés les autres, celles qui
n'étoient pas encore dans les mêmes termes, fe contentoient de
former des vœux fecrets, foit
qu'elles crûffent que l'orage ne
dut pas venir jufques à eux, ou
qu'ils fe viffent dans l'impuiffan-
ce d'y remedier. Cependant la
Religion s'aboliffoit infenfiblement, comme j'ai dit ci-deffus,
& même l'on voioit déja des particuliers prendre le parti de fe retirer dans les païs étrangers. Qu'é-
toit-il befoin encore une fois que
de fuivre les mêmes maximes ? en
vingt ans de temps, on n'auroit
prefque plus trouvé de Reformés, pouvoient ils maintenir
leur Religion fans Eglifes, & ne
les pouvoit-on pas abbatre
l'une aprés l'autre. D'ailleurs ces

 Edits

Edits par lesquels on ne pouvoit plus ni posseder de charges, ni exercer de métiers, ne mettoient-ils pas la plus grande partie dans l'impuissance de subsister, & par conséquent dans l'obligation de faire ce que vouloit le Souverain. Mais avec cette difference de ce qui se pratique aujourdhui, que les choses se faisoient insensiblement, & comme de bon gré, au lieu qu'aujourdhui. On met le poignard sous la gorge, tout prêt à nous massacrer, si nous ne disons que nous voulons changer de Religion.

Du temps du dernier Chancelier tout le Monde le croioit Autheur de nos malheurs, l'on présumoit, que comme il étoit zelé pour sa Religion, c'étoit lui qui inspiroit au Roi toutes les persécutions qui s'élevoient contre nous. Mais enfin il faut lui rendre justice, & il vaut mieux le faire

faire tard, que jamais. C'étoit
lui au contraire qui rabattoit les
coups, & il n'a pas plûtôt eû les
yeux fermés, que des efprits plus
boüillans, & moins remplis de
prudence, ont tout facrifié à leur
ambition. Ils ont voulu obliger
le Pape à quelque prix que ce
fût, & nonobſtant les conſeils de
ce grand Miniſtre, qui n'alloient
qu'a faire les choſes pied à pied,
ils ont mis la fortune du Roiaume
en ſi grand danger, que c'eſt merveilles s'il n'en arrive du mal.
Quelle joie pour les envieux de la
Couronne, & quand ils auroient
femé plufieurs millions, pour
jetter les fondemens d'une guerre
civile, auroient ils pû eſperer
rien de plus avantageux. Ils auroient peut-être pû gaigner quelques particuliers, mais voici
vraifemblablement quinze cent
mille ames à leur ſervice. Mais
des gens réfolus à perir plûtôt que

de n'avoir pas l'exercice libre de leur Religion, mais que dis-je, ce n'est pas encore nôtre plus grand mal on veut que nous allions à la Messe, & cela sans nous donner le temps de nous instruire, comme si dans une chose comme celle là c'étoit assés de dire, je le veux, pour être obeï. Cependant il est aisé de voir ce qui en arrivera, quelque puissance qu'ait le Roi, elle ne s'étendra point apparement jusques sur les consciences. Voici ce qui arriva il y a deux ans dans le Vivarets, De pauvres malheureux aimerent mieux perir que de ne pas aller prier Dieu sur les ruïnes de leur Temple, ils y furent malgré toutes les défenses qu'on leur put faire, & voiant qu'on s'apprêtoit à les venir attaquer, ils se cantonnerent dans les montagnes, ou ils auroient beaucoup donné d'affaires au Roi, si le Roi eût eû quelque guerre étrangere.   Si

Si une petite poignée de Monde a été capable de prendre une
telle resolution, & encore pour
un Temple abbatu, que ne
fera point un grand nombre
d'ames, lors qu'on n'abat pas
seulement leurs temples, mais
lors qu'on detruït encore leur religion. Lors qu'on les oblige à
reconnoître une Eglise, dont ils
croient ne s'être separés que pour
y avoir reconnu des erreurs qui
les empechoient d'y faire leur salut, & enfin lors qu'on les contraint d'avoir part à des actions
qu'ils éstiment pleines d'Idolatrie. Certes si leur desespoir n'a
pas encore éclatté, il n'en est
pas moins à craindre. Il est de la
prudence d'attendre un temps favorable & ce temps ne manquera
pas de venir, lors qu'il plaira à
quelque puissance étrangére. Si
jamais donc quelqu'une vient à
attaquer le Roi, ce sera alors qu'il
C 5   verra.

verra s'il a bien fait de croire ſes Miniſtres. Les guerres qui ſe font pour la religion ſont toujours les plus dangereuſes. Chacun y met le tout pour le tout, & quoi que la France ſoit aujourdhui plus floriſſante qu'aucune autre puiſſance de l'Europe, comme c'eſt plutôt à l'egard du chef, qu'a l'égard des membres, il ne faut rien pour la mettre auſſi bas, qu'elle eſt élevée. Une guerre civile lui fera plus de tort, qu'aucune guerre étrangére. Elle a de bonnes frontieres à oppoſer à ſes voiſins, mais ſi ſes ſujets arment une fois, il eſt à craindre qu'on ne revoie l'image des malheurs qui tourmenterent l'Etat ſous le regne de Charles IX. c'étoit une choſe qu'il falloit éviter à quelque prix que ce fût ; mais bien loin de l'avoir fait, on peut dire qu'on ne s'y pouvoit prendre mieux, pour faire arriver le contraire. Car enfin, quelque

pré-

précaution que l'on puisse prendre, comment fera t-on pour empecher un juste ressentiment ?
tiendra t-on des armées dans le
cœur des Provinces, pour rete-
nir les personnes suspectes. Le
Roi est tres puissant, & personne ne doute de son pouvoir ; cependant ce que je dis surpasse ses
forces, & s'il a des ennemis sur
ses frontieres, n'aura-t-il pas besoin de toutes ses troupes : d'ailleurs ne consumeroit t-il pas son
pais lui même, ce qui est éloigné
de la politique.

Voilà pourtant les mesures à
quoi il sera obligé doresnavant
par les fausses démarches qu'on
lui fait faire, il avoit l'amour, &
l'admiration de ses sujets, ils lui
ont fait perdre l'un & l'autre dans
un moment. Les Reformés ne
le peuvent plus aimer ; par ce
qu'il les persecute, si je l'ose dire,
contre tout droit & raison. Les
C 6   Catho-

Catholiques ne le fçauroient plus
admirer par ce qu'il eft tombé infenfiblement dans une béveüe ,
dont ils le croioient incapable.
L'eftime qu'on avoit pour lui faifoit plus de la moitié de fes forces,
il s'eft affoibli de lui même fans y
penfer , & il ne le reconnoitra
que trop tôt. Je vois bien ce qu'il
a cru, il s'eft mis en tête, comme j'ai déja dit , que craint , &
eftimé, comme il étoit de tout le
monde, perfonne n'oferoit prendre les armes contre lui. J'en con-
viendrois, fi les chofes étoient encore au même état qu'elles étoient il y a trois mois , mais aujourdhui que l'on croit qu'il y a tant
de gens dans fon Roiaume, qui ne
demandent pas mieux que de remüer, je ne pretens pas parler
feulement des Proteftans , mais
même des Catholiques qui ne demandent qu'une occafion de lever
le mafque. Cependant le Roi ne
s'en

s'en poura prendre qu'à soi même, c'est lui qui fournit des armes à ses ennemis, & sans lui sa gloire étoit a un si haut point, qu'ils n'auroient pas osé, s'il faut ainsi dire, le regarder en face.

Si c'est là une grande faute a son égard, je dirai qu'elle n'est pas moindre à l'égard du Pape, avec qui apparament cette action a été concertée. Car au lieu d'en cueillir le fruit qu'il pretend, il va tout au contraire retirer par là le Turc du danger, dont il étoit menacé. l'Empereur qui sçait qu'il n'a pas un voisin moins dangereux en la personne du Roi, qu'en la personne du Grand Seigneur, quittera celui-ci, pour faire la guerre à celui là. Il voudra se servir d'une occasion si favorable, pour se guerir de l'apprehension qu'il a depuis que le Roi s'est emparé de Strasbourg.

Les Princes de l'Empire, qui n'auroient jamais osé donner se-

cours

cours à l'Empereur, ne craindront plus auſſi de le faire dans l'eſperance que le Roi aura aſſés, d'affaires chez luy pour mieux reuſſir qu'ils n'ont fait dans la guerre precedente. Je vois donc déja toute l'Europe en armes par une action, qui n'eſt aſſurement que la bévüe d'un particulier, qu'elle obligation lui aura le Roi quand il verra les quatre coins & le milieu de ſon Roiaume, tout en feu. Ne vaudroit il pas mieux que ce particulier n'eut jamais ſongé, non ſeulement, à un Chapeau de Cardinal, mais encore qu'il n'y eut jamais eû de Cardinaux au monde. Dieu veuille encore une fois que je me trompe, mais il me ſemble du moins que ce que je dis eſt fondé ſur la raiſon. Ce ſera alors que tous ceux qui ſont en exil dans les pais étrangers, accourront au ſecours des leurs, étant d'autant plus animés, qu'ils n'auront pas trouvé ailleurs, à la

reli-

religion pres , les douceurs dont ils jouiſſoient dans leur chere patrie. C'eſt un amour qui ne finit qu'avec nous , & c'eſt une eſpece de prodige quand cela ne ſe trouve pas dans un homme.

Voilà donc deux grandes amorces pour la rebellion, ſçavoir la deffenſe de ſa religion , & le retour dans ſa patrie. Quelle politique étrange pour de grands Miniſtres, & quoi que par les ſervices qu'ils ont rendus en d'autres occaſions, on ſoit prévenu en leur faveur , ne va t-on pas inferer de celle là que c'eſt le hazard qui les a fait reüſſir plutôt que leur habileté. Des gens qui feroient conſommés , comme ils le pretendent dans la politique , n'auroient jamais fait un pas de clerc comme celui-là.

Quand on eſt habile en une choſe, on l'eſt en tout, & tout ce qu'ils peuvent dire pour leur juſtification, c'eſt qu'il leur falloit faire

cette

cette démarche pour meriter la bienveillance du S. Pere. Si celui-ci eût été de l'humeur de beaucoup de ses predecesseurs, c'est-à-dire s'il eût permis à ses neveux de disposer de la pourpre moiennant de l'argent, peut-être ne se seroiét ils jamais portés à cette extremité, ils se seroient plutôt résolus à en donner, quoi qu'ils aiment autant à accumuler que s'ils en avoiét besoin, mais par malheur ce n'est pas par là qu'on gaigne le Pape, ainsi il leur eût fallu recourir aux seuls moiens qui leur étoient ouverts pour cela. Il leur falloit d'ailleurs guerir son esprit, qui étoit ulceré par les affaires de la Regale, ou il croioit qu'ils avoient trempé des plus avant. Le moien donc de vaincre non seulement l'aversion qu'il avoit pour eux, mais encore de meriter ce chapeau tant desiré. Certes ils y étoient bien embarrassés, & voila enfin le denoüement de toute la piece. Si le suc-

cés

cés leur eſt favorable , je m'en
rapporte à l'avenir , mais tout ce
que je puis dire , c'eſt que d'un
État tranquile, & floriſſant, ils
en ont fait le lieu du monde le plus
miſerable, & le plus expoſé à la
ſedition. Auſſi l'ont ils bien reconnu eux mêmes puiſqu'ils n'ont
oſé entreprendre un coup ſi hardi,
ſans avoir des gens de guerre tout
préts pour appuier leurs violences. On ne ſçavoit à qu'elle fin
on faiſoit marcher tant de troupes
de Province en Province , dans
un temps ou tout ſembloit tranquile. Mais c'eſt qu'ils avoient
peur que le deſeſpoir ne fît faire
des choſes, qui leur donnaſſent à
connoître qu'ils avoient fait une
entrepriſe dont ils pouroient ſe
repentir.

J'avoüe juſques ici que tout
leur a ſuccedé , mais qu'ils aient
donc toujours cent mille hommes
pour prendre garde à ce qui arrivera,

vera, autrement je ne vois pas, moralement parlant, qu'ils foient en grande feureté.

Si le Roi étoit un Prince d'une mediocre fuffifance, d'une moindre reputation, & qui eût fait moins de jaloux, je crois qu'il au- auroit pu entreprendre un coup comme celui-là avec moins de danger. Comme tous fes Etats font maintenant environnés de Princes Catholiques, peut-étre qu'ils ne fe feroient pas ingerés de le troubler par le zele qu'ils au- roient pu avoir pour l'avance- ment de leur religion. Cepen- dant je dis peut-étre, car je fçais bien que la politique ne l'auroit pas voulu, qui a coutume d'être la regle de toutes leurs actions, mais fi je mets en doute qu'ils l'euffent fait, même fuppofant ce que je viens de dire: que ne doi- vent ils point faire aiant affaire à un Roi conquérant. Il eft à

croi-

croire qu'ils augmenteront , directement , ou indirectement un
mécontentement qui est capable
de produire d'étranges effets. Ils
sçavent que les nouveaux convertis ne se font faits Catholiques que
par force , que même l'aversion
qu'ils avoient pour la Cour de
Rome est devenüe encore plus
grande par la frequentation de
ceux de cette religion , & par la
participation de leurs misteres , la
politique ne veut elle donc pas
qu'ils se servent de cette occasion,
pour Abbatre la puissance du Roi,
laquelle ne pouvoit recevoir de
diminution , que par ce qu'il vient
de faire , & defait qui est le Souverain qui eût osé branler sans cela , les Catholiques , & les reformés du Roiaume n'étoit-ils pas
unis ensemble , dés qu'il s'agissoit
de deffendre les Frontieres , ou de
porter la guerre dans les pais
étrangers. Etoit ce un parti si
peu

peu confiderable que le nôtre ,
pour que les ennemis ofaffent le
méprifer? il étoit petit, je l'avoüe,
en comparaifon des Catholiques ,
cependant il ne laiffoit pas d'y
avoir des Marechaux de France , des Lieutenans Generaux,
des Marechaux de Camp,
des Brigadiers, des Colonels ,
& un nombre infini de Capitaines. Si cela eft comme il
n'en faut point douter, n'eft-
il pas vraifemblable de dire, que
le parti du Roi étant privé de tant
de braves gens, ce feroit une grande imprudence à fes voifins, que
de ne pas vouloir voir jufques a
quel point il fera affoibli , quand
ils viendront à fe declarer. Car
enfin c'eft une chofe qu'on peut
mettre au nombre de celles qu'on
croit les plus certaines , & fi
cela n'arrivoit pas , il faudroit
dire qu'il ni a plus de raifonnement à faire fur quoi que

ce ſoit. Au reſte ce ne ſera pas une petite perte que le Roi aura faite en nous perdant, & l'on ſçait que ce n'a été qu'a force de merite que nous ſommes montés à nos charges. Ce que j'ai dit ci-devant le juſtifie aſſés, ſçavoir que le Miniſtre de la guerre nous remettoit toûjours devant les yeux, que nous avions un peche originel qui nous empêchoit de nous avancer, & que ce peché étoit nôtre Religion. Tout autant que nous ſommes, je veux dire ceux qui ont été dans l'emploi, nous ſommes gens ſi je l'oſe dire, d'une experience conſommée, autrement ce Miniſtre n'auroit pas fait tant de cas de nous, il faut demander aux Generaux ce qu'ils en penſent, & je me ſouviens que quand le Prince d'Orange aſſiegea Maeſtricht, Mr. de Çalvo fut ravi de prendre ſouvent conſeil du Major

du

du Regiment de Bourbonnois, qui tout simple Officier qu'il étoit, en sçavoit peut-être plus que tous ceux qui étoient dans la garnison. Quand il avoit son avis, il falloit le voir dans le Conseil de guerre, il sçavoit tout sur le bout de son doigt, & les Officiers ne pouvoient comprendre d'ou lui venoit tant de lumiere, lui qui ne s'étoit jamais trouvé dans une tranchée, & dont le fait étoit plûtôt de mener un parti en campagne, que de défendre une place. Aussi ne l'avoit on fait venir là, que pour les contributions, & quand il vint à être assiegé, il se seroit trouvé bien en peine, si tout le Monde eût été aussi peu entendu que lui, dans l'occasion qui se presentoit.

Je ne parle que de celui-ci, parce que c'est le premier qui m'est venu à la pensée, même je devois plûtôt m'en abstenir que

d'un

d'un autre , puisque j'apprends qu'il a déja fait le pas, qu'on nous veut faire faire à tous. Mais combien y en a-t-il d'autres, qui en sçavent autant que lui ? Combien de Lieutenans Colonels, qui ont toûjours eu soin de leurs Regimens, & dont le merite est tellement reconnu de tout le Monde, qu'on leur a toûjours donné la gloire de toutes les entreprises ou ils se sont trouvés, quoi qu'ils fussent bien éloignés d'y commander en effet. Cependant si le Roi perd ces gens là , comme il y a beaucoup d'apparence , quelle perte ne sera-ce point pour lui. Ils ne porteront pas seulement aux étrangers leurs bras, mais encore leur capacité. C'est-à-dire qu'ils seront capables d'introduire dans leurs Troupes la même discipline qui régne aujourdhui dans les Troupes de France. Et cela est plus de consequence au Roi qu'on

qu’on ne s’imagine, car c’eſt par
là qu’il eſt devenu puiſſant, &
que même dans un temps de paix,
il a trouvé moien d’aguerrir ſes
ſoldats : & de fait, tout de même
que le portrait d’une Maîtreſſe
ſert beaucoup à entretenir les
feux qu’on à pour elle, ainſi l’i-
mage de la guerre, dont on a ſoin
de les faire jouïr en tout temps,
entretient cette humeur guerrie-
re, qui eſt d’ordinaire le ſoutien
des Etats. Ainſi l’on peut dire
que quand les hommes ſe trouvent dans quelque occaſion, bien
loin d’en avoir perdu l’habitude,
ils y ſont tout accoûtumés.

Si je paſſe à d’autres conſiderations, quel inconvenient ne trou-
veroisje point encore pour le Roi?
Croit-il que ſes Officiers puiſſent
quitter ſon parti, ſans être ſuivis
d’un nombre infini de ſoldats, à
qui ils commandent, les uns de
puis vingt ans, les autres depuis
vingt-

vingt-cinq, & quelques-uns depuis un plus grand nombre d'années. Au reste cela est encore de
plus grande conséquence qu'on
ne s'imagine, trente soldats ôtés
d'un Regiment, en ôtent quelquefois toute la force, & tous
ceux qui font du métier, sçavent
qu'il n'y a que certaines têtes
dans les Compagnies, sans lesquelles tout le reste n'est rien. Ce
font elles qui apprennent aux autres à faire le service, qui leur
donnent l'air, & la mine guerrie-
re, qui les instruisent à ne jamais
tourner le dos, & qui enfin leur
montrent par leur exemple quand
ils font dans le combat, de quelle maniere il s'y faut comporter.
Or je ne dirai pas positivement
que les Officiers débaucheront
ces soldats, & qu'ils prendront
le temps les uns & les autres de de-
serter, quand ils seront en presence de l'ennemi. Je crois cet-

te

te action indigne d'un honête homme, ainſi je n'ai garde de l'avancer, comme un fait veritable; mais je dirai que les Officiers aïant pris un autre temps pour faire leur retraite, & les ſoldats, qui ne demandent qu'à deſerter, les ſçachant parmi les ennemis, ils en ſeront bien plus excités à y aller. Et de fait ils ſçauront y trouver des gens qui connoîtront leur courage, & quand même leur but ne ſeroit que de deſerter, ils auront pour excuſe qu'ils viennent retrouver leurs anciens Officiers, comme en effet cela peut être veritable.

Quoi qu'il en ſoit voila un pretexte pour faire deſerter une partie de l'Armée, & ce qui me le fait préſumer, c'eſt que ce qui retient les ſoldats, eſt la connoiſſance qu'ils ont de la miſere qui les accompagne dans les païs étrangers. Ainſi n'aïant plus cette te crainte, & même étant ſeurs d'y trouver du ſupport, l'on verra diminüer peu à peu les Armées de France, pendant que celles des étrangers augmenteront de jour en jour. Voila ce que les Autheurs de l'Edit, dont j'ai parlé ci-deſſus, n'ont peut-être pas prevû, & voila pourtant ce qui vraiſemblablement arrivera; car enfin chacun ne cherche que ſon ſoulagement, & ſon repos, les Officiers s'en iront, parce qu'il ne leur eſt plus permis d'avoir des Temples, ni d'exercer leur Religion. Les ſoldats deſerteront, parce qu'ils aiment leurs Officiers, & qu'ils croiront trouver plus davantage en les ſuivant, que de demeurer avec d'autres, qu'ils ne connoîtront pas, pour ainſi dire. Or ſi aprés cela ces gens là ſe trouvent dans quelque bataille, n'eſt il pas à preſumer qu'ils combattront juſques

 à

à la derniere goute de leur ſang.
ils aimeront mieux ſe faire tüer,
que d'aller ſervir d'exemple à
ceux qu'on ſera bien aiſe de rete-
nir par la crainte des ſupplices.
Cependant c'eſt avec de tels com-
battans, qu'on obtient ordinai-
rement la victoire, & c'eſt une
choſe conſtante qu'un homme
comme cela, eſt plus à craindre
que deux autres.

Je ne ſçais ſi je raiſonne bien,
ou mal, mais il me ſemble que
voilà d'étranges affaires que les
Miniſtres du Roi lui ont attirées
par leur faute. Les peuples n'é-
toient déja pas trop contens de
leur deſtinée, la miſere leur faiſoit trouver à redire à bien des
choſes qu'ils auroient regar-
dées indifferement s'ils avoient
été plus heureux. Croit-on de
bonne foi qu'ils approuvent ce
qui vient d'arriver? La pluſpart
ſont Catholiques, je l'avoüe, &
je

je crois même qu'ils feroient bien
aifes qu'il n'y eût plus qu'une Religion , mais qu'infere t-on de
la ? Croit-on qu'ils foient d'humeur comme autrefois de prendre
les armes ? La chofe eft bien dif-
ferente aujourdhui , on nous ac-
cufoit en ce temps la d'avoir des
chefs qui avoient de l'ambition ,
mais aujourdhui on fçait bien que
nous ne demandons qu'a vivre en
paix.   Nous étions obligés en ce
temps là de prendre les armes
pour avoir des Temples , & l'exercice de nôtre Religion , nous
étions même contraints de chercher nôtre Salut dans nôtre dé-
fenfe , étant tous les jours expofés à des fupplices inoüis , & qui
faifoient même horreur à nos
Boureaux. Mais aujourdhui que
nous avons acquis l'un & l'autre
au prix de nôtre fang , voit-on
que nous aions fongé à remüer ,
& au contraire ne fommes nous

D 3   pas

pas perſecutés ſans avoir oppoſé que nôtre conſtance à des ſouffrances toutes extraordinaires. Les peuples qui voient cela nous plaignent donc au lieu de nous haïr, ils ne peuvent voir d'un œil ſec toutes les perſecutions que nous ſouffrons depuis tant de temps, nôtre patience en un mot les édifie, & ils ſont obligés d'avoüer, que s'ils étoient à nôtre place, peut-être n'en auroient ils pas tant eû.

Avec ces ſentimens qu'avons nous à craindre de perſonne. Des Juges à la verité nous font maintenant tout le pis qu'ils peuvent, mais conſiderons que ce n'eſt pas de leur mouvement comme autrefois. Ils ne le font que parce qu'il y va de leur charge, & de leur fortune, ils ſe voient obligés de ſuivre les ordres de la Cour, mais ſi la guerre commençoit, il y a bien de l'apparence que loin d'être
tre

tre nos perſecuteurs, ils ſeroient
ravis que le dedans du Roiaume
changeât de face. Je n'en dis pas
davantage, il y a de certaines choſes ou l'on fait mieux de ſe taire,
que de parler, & celle là en eſt
du nombre. Je veux même croire qu'on ne ſçait ce que l'on veut,
& une marque que c'eſt mon ſen-
timent, c'eſt que je ſuis tombé
d'accord ci-deſſus, que je ne me
conſolerois jamais d'être éloigné
d'un païs, ou il y a tant d'ordre.
Quoi qu'il en ſoit, il faut tomber
d'accord, que s'il venoit jamais
une guerre civile, le Roi auroit
autant à craindre des Catholiques
que de nous. C'a donc été une
grande imprudence à ſes Miniſtres que d'en jetter les fondemens, car enfin je ne craindrai
point encore de dire quelle eſt in-
evitable tôt ou tard. Je ne ſuis
pas grand Politique, mais ſi la
paix de l'Empire avec le Grand
 Sei-

Seigneur vient à se faire, je tiens qu'on ne seroit pas long-temps à se repentir de ce qu'on a fait. L'on en parle déja, & quoi qu'il y ait bien de gens du sentiment que cela n'est pas au pouvoir de l'Empereur, parce qu'il est trop engagé avec ses Alliés, si est ce que je ne vois pas que la chose soit impossible. Premierement à l'égard de l'Empire en general, la jalousie qu'il doit avoir de la puissance du Roi le fera relâcher facilement de ses interêts, d'autant plus que ce n'est pas son avantage que l'Empereur devienne si puissant. Il n'y a donc plus que le Roi de Pologne, & les Venitiens qui s'y puissent opposer. A l'égard de ceux-ci, l'envie qu'ils ont pareillement, qu'on diminüe le pouvoir du Roi, leur fera passer par-dessus bien des choses, si bien qu'il n'y a que le Roi de Pologne à contenter; peut-être est-ce une chose dificile, & l'étroite intelligen-

ligence qu'il a avec le Roi y met
un grand obſtacle, mais enfin il
n'eſt pas le Maître tout ſeul dans
ſon Roiaume, & pourvû, que
le Turc offre quelque avantage à
la Republique, l'affaire ne ſera
pas ſi dificile à conclurre.

Il y en a qui ne manqueront pas
de me faire un crime de tout ce
que je dis ici. Peut-être même
qu'ils s'en voudront prendre à
tous tant que nous ſommes, de
ce qu'il y en a un de leur communion, qui oſe écrire toutes ces
choſes; mais je reponds à cela,
que tout ce que je dis, ne peut
paſſer pour un crime à moins
que d'interpréter mes penſées
tout autrement qu'elles ne ſont.
Si je parle de la ſorte, ce n'eſt
point que je ſouhaitte que les
choſes arrivent de même, ni
que j'en veuille donner le conſeil,
mais je rapporte ſeulement ce qui
ſelon toutes les apparences doit
arriver; Si je me trompe tant

                mieux

mieux pour ceux qui y ont interêt ; mais si cela n'arrive point,
il faut que j'aie des lumieres bien
bornées. On peut donc dire que
voila l'action la plus hardie que le
Roi ait pu faire dans tout son régne. Cependant je ne conseille
pas à ceux qui écrivent son Hiftoire de mettre sitôt la main à la
plume pour en dire leur avis,
qu'ils se donnent patience quelque temps, pour voir ce qui en
arrivera, car enfin je ne doute
pas, que mercenaires comme ils
font, ils n'élevent cette action
jusques au Ciel, s'ils suivent leur
premier mouvement. Ils sçavent
qu'elle vient des Miniftres, &
comme c'eft par leur Canal qu'ils
font comblés de bienfaits, il y a
apparence qu'ils vont s'épuifer en
flatteries. Ils nous feront paffer
pour des feditieux, afin de faire
voir que la prudence vouloit
qu'on fe défît d'un ennemi intes-
tin, mais patience encore une
fois,

fois, comme je viens de dire , car
ſi cela plongeoit le Roiaume dans
une guerre civile , ce ſeroit alors
qu'ils ſeroient obligés de reformer
leur ſtile.

Ceux qui veulent que les miniſtres du Roi ſoient infaillibles, à
l'exemple du Pape, diſent une plai-
ſante choſe la deſſus. Ils veulent,
que bien loin que le Roi ſoit en
état de rien craindre, il n'ait entrepris un coup ſi hardi que par une
fine politique. Ils diſent donc, que
ce Prince aiant les mains liées par
le moien de la tréve, & cependant
les mains lui demangeant , il a
voulu chercher quelque pretexte
pour couvrir une ambition qui
doit l'accompagner juſques au
tombeau. Que ne doutant point
que les puiſſances voiſines ne donnaſſent retraite aux Reformés ,
c'eſt le moien de les quereller ſans
que beaucoup de gens y puiſſent
trouver à redire. Qu'en effet il

 aura

aura le Pape de fon coté, & que fi
la Maiſon d'Auſtriche prend parti contre lui, c'eſt le moien de la
décrier, elle, qui a toûjours voulu paſſer pour le fleau de tous
ceux qui s'oppoſent à l'authorité
du Pape. Si cela eſt ainſi, j'a-
voüe que voila de grandes veües ,
mais ce n'eſt pas le tout que de les
avoir, & il faut voir ſi l'on eſt en
état d'en ſortir à ſon honneur.
C'eſt ce que j'ay de la peine à
croire, & quoi que j'entende dire
que les Suiſſes doivent prendre
garde à eux, dificilement me met-
trois je en tête que le Roi veüille
rien entreprendre, aiant tant de
ſujet de craindre chez lui. Cependant s'il y a quelque choſe qui lui
ſoit facile, c'eſt ſans doute de ſub-
juger cette nation, les diviſions
qui regnent dans les Cantons Proteſtans, peuvent faire naître des
penſées qu'on n'auroit pas ſans
cela. D'ailleurs il y a toujours ſujet

jet de querelle entre ces Cantons, & les Cantons Catholiques, ainſi la nation étant animée l'une contre l'autre, qui ſera capable d'empecher que le Roi ne s'empare de ce païs. Rien aſſurement que ce que je viens de dire, ſçavoir la crainte qu'il aura que des deſeſperés, comme nous, ne riſquent le tout pour le tout. D'un autre côté à quoi lui ſerviroit de vouloir ſubjuguer cette nation, & n'en eſt il pas le maître, tout de même que de ſes ſujets. Le fort de Huninguen a été le terme fatal de leur liberté, & dés qu'il a été bâti, il a fallu qu'ils ſe ſoient défaits du proverbe * qui les faiſoit paſſer pour intereſſés, chez toutes les autres Nations. Il a diminué leurs penſions, & leur ſolde, & quoi que cela fût ſenſible à chacun, perſonne n'a oſé rien dire, parce qu'il étoit alors trop tard.

D 7 Aprés

____

* *Point d'argent point de Suiſſe.*

Aprés cela n'ai-je pas sujet de dire, que ce qu'on prétend de la Politique des Ministres, n'est pas veritable. Ce seroit encore une faute presque auſſi lourde à cet égard, que celle qu'ils ont faite au nôtre. Que peuvent ils gaigner à vouloir ſe rendre maître de la Suiſſe, eſt-ce un païs de raport pour y pouvoir mettre des impôts, & croît-il de l'argent ſur ſes rochers. Il n'y vient que des ſoldats, & ne ſont ils pas ſeurs de les avoir à cauſe de la miſere du païs. Il vaut donc bien mieux qu'ils les laiſſent jouïr de leur liberté mourante, elle n'eſt plus capable de leur donner de l'ombrage, ſi ce n'eſt qu'on veuille dire, que ceux qui viennent de s'y refugier, ſoient capables de leur inſpirer des ſentimens de briſer leurs fers. Etrange choſe qu'il faille avoir pour ſuſpect, ceux qui ont toûjours été l'appui

le

le plus ferme de la Courone. Car
sans vanité je puis dire que sans
nous, les affaires du Roi Henri le
Grand d'heureuse memoire auroient été bien décousües. Il n'y
a qu'a lire l'Histoire, pour voir
les services que nous lui rendîmes
jusques à la fin. Fideles, quand
il étoit parmi nous, fideles quand
il nous voulut quitter, & fideles
enfin quand ils nous eut abandonnés.

Quand nous n'aurions jamais
rendu que ce service, ne meritoit-
il pas bien, ce me semble, que
le Roi eût un peu de bonté pour
nous. Quel crime avons nous fait
pour nous traitter si cruellement,
avons nous été rebelles, & au
contraire n'avons nous pas mar-
ché tous les premiers à ses conquêtes. Depuis que j'ai quinze
ans passés, moi qui parle, je n'ai
pas discontinué de servir dans ses
armées, j'en ay dix ou douze
bles-

bleſſures ſur le corps, & quoi que je ſois dans la ſouffrance , je ſens bien que je donnerois encore tout mon ſang pour lui. Voila comme nous ſommes tous, depuis le premier juſques au dernier, ſans que pas un s'en ſoit jamais démenti. Depuis que je me connois j'ai vû trois ou quatre Rebellions dans les Provinces, mais jamais pas un Reformé n'y a trempé. Car enfin nous n'avons point de gens qui nous inſtruiſent qu'il faille prendre les armes contre nôtre Prince, comme on veut qu'il y en ait entre les Catholiques Romains. Mais que dis-je, en doute t'on, & qui ne ſçait pas que du temps du même Henri, dont je viens de parler ; la Sorbonne donna un Decret par lequel il étoit permis à chacun de ſecoüer ſon obeïſſance.

Si pareille choſe nous étoit jamais arrivée dans nos Conſiſtoires,

res, je pardonnerois aprés cela qu'on nous fît le plus cruel traittement qui seroit possible. On auroit lieu de craindre, que des gens qui auroient été de ce sentiment, ne fussent encore capables de reprendre les mêmes erremens. Mais qu'on foüille, non pas seulement dans nos Registres, mais jusques dans les replis de nôtre conscience, on n'y verra qu'une profonde soumission pour tous les ordres du Roi, & une estime tendre pour sa personne. C'est par là que nous avons vû abbatre nos Temples, & violer nos Privileges sans manquer au respect que nous avions pour lui, & nous aurions encore tendu la gorge, si nous eussions crú que nôtre sang eût été de quelque utilité pour son service.

Quelqu'un ne manquera pas de dire que voila une belle preuve de nôtre obeïssance, que ce qui se

passa

passa il y a deux ans dans le Vivarets. Mais quoi que je n'en aje dit
qu'un mot tantôt , je crois neanmoins que cela suffit pour montrer
que ces gens n'avoient pas l'esprit
de Rebellion. Ils croioient qu'il
leur étoit permis d'aller chanter
sur les ruïnes de leurs Temples
les loüanges de Dieu , & il étoit
inouï jusques là de faire un crime
d'une action à quoi l'on ne pouvoit trouver à redire, quelque
tour que l'on y pût donner. Aussi
n'entreprit on pas de la condam-
ner dans les formes , & comme
on se défioit de son bon Droit, on
eût recours à la force. Des gens
de guerre furent commandés pour
aller troubler la devotion de ces
pauvres malheureux, & les soldats aiant ordre de tüer , & de
massacrer, il n'est pas étonnant
s'ils se mirent en défense. Voila
cette grande revolte , dont nos
ennemis ont fait tant de bruit,
mais

mais en verité ils avoient besoin
de tâcher à nous noircir, comme ils faisoient, puis qu'aprés
toutes les cruautés qu'ils exer-
çoient en nôtre endroit, on auroit eû bien méchante opinion
d'eux, si l'on avoit sceu de quelle
manière les choses s'étoient faites.

Mais à quoi sert de se ressouve-
nir des maux passés, quand on en
a de presens, ce n'étoit, pour
ainsi dire, en ce temps là que des
fleurs, au lieu qu'a present ce sont
des épines, qui nous piquent jusf-
ques au cœur. De quelque côté
que nous nous tournions nôtre
fortune est si deplorable, que jamais personne n'a été dans un
plus pitoiable état. Si nous obeï-
sons au Roi, nous devenons traî-
tres à Dieu, si nous sommes fideles à Dieu, nous desobeïssons au
Roi. Nous sçavons que Dieu a
dit qu'il falloit obeir à son Prince,

ce, mais aussi n'a-t-il pas dit, que
si on le renioit, Dieu renie-
roit devant son Pere, celui qui
l'auroit renié devant les hommes.
Etrange perplexité où nous réduit un Chapeau de Cardinal,
sans lequel nous serions bien dans
la persecution, mais non pas dans
le détroit ou nous nous trouvons
aujourdhui. On veut que nous
nous fassions Catholiques contre
nôtre propre connoissance, que
nous renonçions à nôtre éduca-
tion, à nos lumieres, & enfin
que nous allions aveuglement à la
Messe. Si l'on nous envoie une
bande de soldats, qui nous pillent,
qui nous mangent, & qui en un
mot, pour commencer à nous
mettre dans le bon chemin, nous
reduisent à une telle necessité,
que ceux qui n'ont d'attache que
pour les richesses, n'ont plus rien
qui les retienne au Monde.

Certes je ne puis dire, en même
temps

temps que je blâme les Miniſtres d'un côté, qu'ils ne ſachent prendre leurs meſures d'une autre, pour aſſurer leurs affaires. Les travaux que le Roi fait faire pour l'embelliſſement de Verſailles ſont venus tout à propos pour faire approcher des ſoldats de Paris, ou ils craignoient quelque revolte. Cè n'eſt pas que le parti des Reformés approche à beaucoup prés de celui des Catholiques, mais enfin, comme j'ai déja dit, tous les ordres du Roiaume ne ſont pas trop contens. Et qui pouvoit répondre que ceux qui ne ſont pas ſatisfaits du Gouvernement preſent, ne priſſent ce temps là pour une revolte generale, excepté deux ou trois familles qui ſont floriſſantes, tout le reſte eſt dans l'abbattement, chacun fait plus qu'il ne peut, & comme on ſçait bien que cela ne peut pas toûjours durer, n'eſt il pas à preſumer

fumer qu'on voudroit trouver
l'occafion de rendre fa fortune
meilleure. Les Miniſtres, qui
ſçavent cela encore mieux que
moi, ayant donc en veuë de nous
donner le dernier coup, ont eû
raiſon de ſe bien précautionner;
mais qu'eſt-ce que tout cela con-
clut, ſi non ce que j'ai dit tantôt
ſçavoir qu'ils ont entrepris une
choſe dont ils pouroient bien ſe
repentir. s'il leur faut cent mille
hommes pour l'executer dans le
temps que l'Etat eſt en paix, &
tout à-fait floriſſant, combien
leur en faudra-t-il, lors que le Roi
aura la guerre, & qu'il lui arrivera peut-être quelque révolution. Les choſes ne ſont pas toûjours en même état, & ſi je ne
craignois de me ſervir d'une penſée qui eſt fort commune, mais
qui neanmoins n'eſt pas à rejet-
ter, je dirois que la fortune étant
comme une rouë, elle ne peut
pas

pas toûjours demeurer fans qu'elle fe trouve tantôt au haut , &
tantôt au bas. Il n'y a pas encore
long-temps que la maifon d'Aûtriche étoit dans fa fplendeur. Cependant qui eût dit, qu'un def-
cendant de ce grand Empereur
Charles V. dût être en auffi petite confideration , qu'eft aujourdhui le Roi d'Efpagne :   & de
plus, ne voions nous pas encore des effets de la révolution de la fortune, il n'y a eû que
deux ans l'êté dernier, que tout
le Monde eftimoit l'Empereur
perdu, cependant Dieu n'a-t-il
pas permis que les chofes tournaf-
fent autrement qu'on ne penfoit ,
peut-être dans deux ans, en dira t-
on autant de la France : elle eft au
comble de fa gloire aujourdhui,
mais qui fçait fi dans peu de temps
il ne lui arrivera point de changement ? Quelque bonne conduite
qu'aient des Miniftres, bien fou-

vent

vent ils ne font pas à l'épreuve des coups du malheur , à plus for-tè raifon quand ils y contribüent par un faux raifonnement, ou pouffés de quelque paffion.

Mais pofons le cas que toutes leurs mefures foient juftes dans le temps prefent : que le Roi foit craint à un point que perfonne n'ofe branler contre lui ; qu'il tienne toutes les autres puiffances dans une efpece de fujetion, ou par fes intrigues, ou par la force de fes armes; & qu'en un mot, il foit le maître de tous les autres. Ont ils lettres qu'il vivra toûjours ? il n'eft pas vieux à la verité, mais ne meurt on pas à fon âge, com-me dans un âge plus avancé. Mr. le Dauphin fuccedera-t-il à fa re-putation , comme à fon Roiau-me ? n'eft-ce pas un Prince trop foible pour porter un fi lourd fardeau , & enfin comme les Etats fe foutiennent par l'eftime qu'on a

pour

pour leurs Princes, ne ſe perdent ils pas auſſi par le peu d'eſtime qu'on peut avoir pour eux. Ce n'eſt pas que je pretende dire par là que Mr. le Dauphin ne ſoit pas un grand Prince. A Dieu ne plaiſe, & ce n'eſt pas mon intention; mais enfin il n'a pas la reputation du Roi, & peut-être auſſi il ſera bien éloigné d'avoir ſa fortune. Ainſi c'eſt une grande imprudence aux Miniſtres, que de lui laiſſer une affaire comme celle là à demêler; Je dis plus, quand même nous ſerions capables de demeurer toûjours ſans rien dire, n'eſt il pas vrai que le ſoupçon qu'on aura de nous retiendra toûjours le Roi dans la crainte. Il n'oſera jamais rien entreprendre, comme j'ai dit tantôt, de peur qu'étant occupé au dehors, il ne lui ſurvienne des affaires au dedans. Quand poura-t-il être en ſeureté, & quoi qu'on

E

nous

nous faſſe aller à la Meſſe, peut-
on croire que nous y allions jamais de bon cœur. Ce ſera la même choſe dans dix ans qu'aujourdhui, & l'on ſe trompe grandement, ſi l'on attend le contraire.
Croit on de même que nous éle-
vions nos enfans dans une Religion, que nous condamnerons
toûjours, quelque mine que nous
faſſions? Si nous ſommes obligés de les mener à l'Egliſe, ne les
inſtruirons nous pas en ſecret de
nos veritables ſentimens, de ſorte que ce ſera toûjours un levain
pour la guerre civile. Le Roi a
beau entaſſer declarations, ſur
declarations, croit-il de bonne
foi, que ceux qui font mine de
lui obeïr, ſoient meilleurs Catholiques que ceux qui en font
refus ? Qu'il envoie tant qu'il
lui plaira les enfans auprés des parens, qui ſe ſont convertis, ces
parens ſont les mêmes que les autres,

tres, & pour aller à la Messe en apparence, ils n'en-ont pas moins de zele pour leur ancienne Religion. Au contraire plus ils sont obligés de se faire violence, plus ils soupirent en secret, il ne sçauroient oublier de quelle maniere ils ont été elevés, & à moins que ces coups ne viennent de Dieu, c'est en vain que les hommes pretendent operer.

L'on ne sçauroit parler plus modestement à mon avis de la Religion. Je ne decide point ni quelle est la bonne, ni quelle est la mauvaise, non pas que je n'en sois plainement instruit, mais parce que ce n'est pas ce qui m'a mis la plume à la main : & de fait mon unique dessein n'est que de faire voir la faute que les Ministres du Roi ont faite, dont ils commencent peut-être à s'appercevoir, mais ils n'ont garde d'en convenir & c'est pour cela qu'ils conti-

 nüent

nüent de nous perfecuter avec plus de violence, que jamais. Je ne diray pas avec plus de politique, car enfin je fuis perfuadé que toutes les mefures qu'ils ont prifes dans le commancement étant fauffes, toutes celles qu'il pouront prendre dans la fuite ne le feront pas moins.

Je rapporterois beaucoup de chofes pour le prouver, s'il en étoit befoin, mais cela parle de foi-même. Ne voit-on pas, que de quelque côté qu'ils fe tournent, leur embarras eft égal? C'eft en vain que le Roi affemble à toute heure fon Confeil de confcience fur ce qui nous regarde, c'eft en vain qu'il y fait entrer de nouveaux Miniftres, * pas un ne peut reparer le mal qui a été fait. On voit bien que fi l'on nous permet de fortir du Roiaume on tombe dans l'inconvenient, dont

* *Mr. le Chancellier.*

dont j'ai parlé ci-deſſus, ſi d'un autre côté on nous ferme les paſſages, ce ſont des mécontens qu'on nourit dans ſon ſein. Comment demêler cette fuſée, & n'eſt il pas vrai, que ſi l'on n'a pas reconnu d'abord le peril ou l'on ſe jettoit, il eſt aiſé maintenant de le reconnoître, mais dificile d'y remedier. La conſtance avec laquelle la pluſpart ſouffrent la perſecution, n'eſt elle pas une marque de ce que l'on feroit, ſi l'on ſe trouvoit jamais en état, Que peut-on voir entr'autres choſes de plus genereux, que ce que fait Madame de Montgommeri aprés avoir vû ſes Maiſons raſées, & ſes Bois abbatus, n'a-t-elle pas pris le parti de tirer le coup de piſtolet contre des gens qui la vouloient arrêter, comme elle ſe ſauvoit en Angleterre? Et ſi une femme eſt capable de cela, que ne feront point tant de braves gens, dont

E 3

le

le defefpoir n'eft pas moindre, que celui de cette Dame.

Mais il n'y a rien qui nous doive mieux perfuader de la faute qu'on vient de faire, que ce qui fe paffe aujourdhui dans l'Europe. Il n'y a que trois mois que tous les Princes trembloient au feul nom du Roi, maintenant ils fe croient un peu plus en feureté. Ils fe figurent qu'il a mis la divifion chez lui , & fur ce fondement, ils fe croient plus Souverains, qu'ils n'étoient. Le Roi de Portugal ne craint plus de prendre alliance dans une maifon qui eft fufpecte à la Couronne, & lui avec qui la Cour avoit toûjours entretenu une correfpondance êtroite , commençe à lui tourner le dos. Peut-être dira-t-on qu'il eft fi éloigné de la France, qu'il n'avoit pas lieu de garder tant de mefures, ou que s'il l'a bien voulu faire, c'eft

qu'il

qu'il y étoit obligé par des raiſons d'Etat qui ceſſent, ſans que ce qui ſe paſſe aujourdhui ſur nôtre ſujet y ait aucune part. Mais pourquoi ces raiſons ceſſeroient elles ainſi dans un inſtant, ne ſçait-on pas bien qu'il étoit irréſolu avant nôtre diſgrace, & que ce n'eſt qu'elle qui l'a determiné? N'eſt-ce pas encore la même choſe qui vient de donner la hardieſſe à l'Electeur Palatin d'agir en Prince avec l'Abbé Morel Envoié du Roi, & cet Abbé, qui croioit que tout dût fléchir comme autresfois ſous le nom de ſon Maître, ne s'en eſt il pas allé ſans prendre congé de lui? Cependant ſi l'on veut dire que l'éloignement du Roi de Portugal le rend moins circonſpect à l'égard du Roi, on ne ſçauroit dire la même choſe du Prince Palatin, dont les petits Etats ſont enclavés aujourdhui dans les terres de France. Autres-

E 4

fois

fois l'on difoit, & c'étoit un grand Politique; qu'un Duc de Lorraine, qui avoit un peu de bon fens, devoit acheter une charge de premier Gentil-homme de la chambre du Roi, c'eft-à-dire être auffi attaché à lui, que le pouvoit être un de fes principaux Officiers. Or fi cela fe difoit de ce Prince, c'eft ce que l'on pouvoit dire auffi, il y a trois mois de l'Electeur Palatin, qui eft tellement fous fa couleverine, qu'il la voit toûjours braquée contre lui, mais il ne la craint plus à l'heure qu'il eft, & il s'imagine, comme il eft vrai, que le Roi n'eft plus en état de lui pouvoir faire de mal.

S'il m'eft permis de faire quelques autres reflexions, je verrai que les Venitiens, ces fages Politiques croient fi bien aujourdhui de l'interêt de l'Empereur de faire la paix avec le Turc, pour

tom-

tomber en-fuite fur le Roi, qu'ils commencent à prendre tout ce qu'il y a de bon dans les conquêtes qu'ils ont faites ces dernieres Campagnes, pour le tranfporter ailleurs. D'ou vient cela? De ce qu'ils voient aujourdhui, comme je viens de dire, le moyen de diminüer une puiffance qui faifoit trembler toute l'Europe, & ils craignent que cette tentation ne l'emporte fur l'avantage que l'Empereur fe pouroit promettre de la continuation de la guerre contre les infideles.

Voila à quoi fert déja nôtre perfecution, ou pour parler plus jufte, voila le dommage que les Miniftres du Roi font prêts de lui faire recevoir par leur fauffe politique ; je ne dirai point combien cela leur rompt de mefures d'ailleurs. Quel avantage ne fe pouvoient-ils point promettre des pretentions de la Ducheffe d'Or-

E 5 leans

leans fur le Palatinat, & quoi que l'Electeur foutînt fes Droits avec beauconp de fermeté, n'auroit il pas été obligé de ceder quelque chofe à la force? Je ne parle point encore des autres brigues qui étoient en état de reûffir d'un autre côté à l'avantage de la Couronne. Le traité avec le Duc de Mantoüe touchant la vente de la place de ce nom étoit tout prêt à fe remettre fur le tapis. Qui s'y feroit oppofé, maintenant que les Venitiens, qui ont tant d'interêt à le rompre, font en guerre? L'Empereur n'avoit il pas auffi affés d'affaires, pour ne pouvoir prendre garde à tout ce qui fe paffoit; mais aujourd-hui ces deux puiffances ont le temps de refpirer, & tout ce que l'on peut dire, c'eft que s'il y a quelqu'un qui profite de nôtre perfecution, ce fera le grand Seigneur. On le va laiffer en repos

pour

pour porter la guerre fur nos Frontieres, & l'on dit même qu'il file déja des Troupes du côté du Palatinat. L'on dit plus, l'on veut qu'on foit déja convenu d'un lieu entre les deux Empires pour traiter de la paix , aprés quoi je laiffe à penfer fi les Allemans demeureront en repos.

C'eft à ceux qui jugent des chofes fans préoccupation , à decider aprés-ce que je viens de dire, ce qui étoit le plus avantageux au Roi , ou de laiffer les chofes en l'état qu'elles étoient , ou de faire ce qu'il a fait. Son Roiaume étoit floriffant. Que pouvoit-il fouhaitter davantage ? Si l'on nous defignoit auprés de lui , comme des gens capables de faire quelque entreprife au préjudice de nôtre devoir , ne fçavoit-il pas bien le contraire ? Si nous avions été tels, pouvions nous fouhaitter un tems plus favorable qu'il étoit,

E 6   il

il y a huit ou dix ans. La guerre qu'il avoit à soûtenir contre toutes les puissances de l'Europe, n'étoit elle pas capable de flatter des seditieux ? Mais si nous avons pris les armes, ça été pour le secourir. Nous n'avons jamais pensé qu'a ce que de veritables sujets devoient faire pour le service de leur Prince : & si l'on ne nous avoit pas reduit dans la cruelle necessité d'être infideles à Dieu, l'on auroit vû perir jusques au dernier, devant que pas un eût donné aucun sujet de reproche. L'on a vû des seditions à Nantes, & à Bordeaux, mais pas un Reformé n'y à trempé. Cependant l'on nous traite ni plus, ni moins que si nous avions conspiré contre l'Etat, & même contre la personne du Roi. De quelque côté que nous nous tournions, nous ne voions que des choses affreuses. L'on ne se contente pas de

nous

nous ruiner par des Garnifons,
on nous traîne encore en prifon,
on nous fourre dans des cachots,
d'ou fi l'on nous retire quelquesfois, pour nous faire voir le jour,
ce n'eft que pour nous menacer,
que fi nous ne faifons ce que l'on
veut, on nous envoiera aux Ga-
leres pour toute nôtre vie. Etrange traitement, pour des gens à
qui l'on ne peut imputer d'autre
crime, comme j'ai déja dit, que
celui de n'être pas de la Religion
de leur Souverain. Mais bel exemple en même temps pour tous
ceux qui peuvent être un jour
comme nous expofés aux perfecutions que nous fouffrons.

Il me fouvient d'avoir lû dans
quelques Hiftoriens, combien
on exagere la cruauté des Efpagnols, lors qu'ils chafferent les
Mores de leur païs, pour ne pas
vouloir fe convertir à la Foi Catholique. On marque qu'aprés
E 7 en

en avoir fait perir une grande
quantité dans les tourmens, on
chaſſa le reſte, ſans ſouffrir qu'ils
emportaſſent la moindre choſe de
tant de biens qu'ils avoient. On
rapporte la-deſſus qu'il y en eût
pluſieurs qui perirent en chemin
de neceſſité, & que les Eſpagnols
prenant plaiſir à un ſpectacle ſi
pitoiable, leur inſultoient encore dans leurs miſeres. Mais de
quelque couleur que ces Hiſto-
riens aient peint ces crüautés, je
doute fort qu'elles approchent de
celles qu'on exerce à nôtre égard.
Si nous avons cela de commun entre les Mores & nous,
que nous ſoions perſecutés pour
changer de Religion, ne faut il
pas tomber d'accord que les choſes ſont bien differentes dans les
circonſtances ? C'étoient des
payens, & nous ſommes Chrêtiens. D'ailleurs ils avoient du
moins la conſolation de ſçavoir
que

que leur perſecution ne venoit que des ennemis de leur loi. Si nous étions ſujets aujourdhui du Grand Seigneur, & qu'il voulût que nous devinſſions Mahometans, cela nous ſeroit rude à la verité, & je crois bien que la plus grande partie aimeroit mieux mourir, que de lui obeïr ; mais du moinson ſe repreſenteroit, comme je viens de dire, qu'on auroit affaire à des gens qui ſont ennemis de la Loi de Jeſus-Chriſt, & qui ne ſçavent ce que c'eſt que le commandement de traiter ſon frere, comme ſoi-même. Mais des Chrêtiens, faire à des Chrêtiens ce qu'on nous fait, c'eſt ce que je ne crois gueres conforme à l'Evangile. L'Evangile ne ſe plante point par la force, mais par les predications. Cependant tout ce qu'on nous prêche, c'eſt-que le Roi veut que nous ſoions de ſa Religion, autrement que toutes les

per-

perfecutions que nous effuïons,
ne font rien en comparaifon de
celles dont on à enuie de nous accabler.

Mais je m'éloigne infenfiblement de la comparaifon que je
voulois faire du traitement, que
l'on fit aux Mores, avec celui
qu'on nous fait : je dis donc que
la qualité d'enfans de J. Chrift
que nous portons, auffi bien que
les Catholiques Romains, les
devroit obliger à ne pas prendre
des moiens fi rudes pour nous
amener à leur opinion. Je veux
bien qu'ils s'imaginent que nous
foions dans l'erreur, car enfin,
quoi que j'aie lieu de croire qu'il
entre plus de politique que de
Religion dans leur procedé, tou-
tefois n'en veus-je rien dire, de
peur qu'on ne m'impute de me
défendre en recriminant. Je fuppofe donc que leur intention foit
bonne, mais enfin fommes nous

des

des Mores pour être traités comme nous ſommes. Mais, que dis-
je, il nous ſeroit avantageux de
l'être, quant au traitement, nous
en ſerions quites pour abandonner nos biens à nos perſecuteurs,
& nous aurions du moins la conſolation de nous en pouvoir aller,
ſans autre deplaiſir que celui de
quiter nos Maiſons, nos Rentes,
nos Heritages, & enfin nôtre Patrie. Mais on nous fait oublier
par une cruauté inouïe des choſes
ſi précieuſes, par l'obligation ou
l'on nous veut jetter de changer
de Religion, la paſſion que nous
avons de conſerver une liberté,
que les Eſpagnols laiſſerent aux
Mores, & que les Turcs laiſſent
pareillement à ceux qu'ils ſou-
mettent par les armes, fait que
nous n'oſons retourner la tête,
pour voir tant de choſes à quoi les
hommes ſont ſi attachés d'ordinaire, & qu'ils n'oublient pas
mê-

même , lors qu'ils font fur le point de mourir. Mais que dis-je bien loin de penfer à tout cela, la plus grande crainte que nous aions , eft qu'on nous oblige d'y retourner. Nous fçavons que tous les chemins font couverts de foldats pour nous faire piece, que tous les paffages font gardés, c'eft pourquoi nous fommes obligés de nous deguifer , & enfin nôtre condition eft fi deplorable, qu'il nous faut prendre plus de peine mille fois pour tout quiter , qu'on n'a coutume d'en prendre , pour amaffer ce que nous quitons.

Voilà en quoi nous fommes bien plus à plaindre que ces Mores , dont neanmoins les Hiftoriens depeignent les miferes avec des expreffions fi touchantes. Ils s'en alloient du moins en liberté , fans être obligés de regarder derriere eux , au lieu qu'a chaque pas que
nous

nous faiſons, nous croions aller tomber entre les mains de gens pires mille fois pour nous, que les Eſpagnols n'étoient pour les Mores. Ils avoient outre cela la conſolation d'emmener dans leur exil leurs femmes, & leurs enfans, au lieu qu'on nous à pris les nôtres, & qu'on nous les prend encore tous les jours. Certes la poſterité aura peine à croire toutes ces choſes, & que ſous le régne du plus grand Roi, que la France ait jamais eû, il ſe ſoit paſſé des choſes ſi cruelles; car enfin qu'on me die tout ce qu'on voudra de celle de Charles I X, je dirai du moins que c'étoit un Prince violent, & de qui l'on devoit attendre toutes choſes. Mais de Loüis XIV., qui a toûjours paſſé pour un Prince ſage, judicieux, & moderé, c'eſt ce que je ne comprends pas, ni que perſonne ne poura jamais comprenprendre non plus que moi. Car enfin quand on voudroit suppoſer qu'il a ſes raiſons, pour faire ce qu'il fait, de quoi je ne tomberai pas d'accord neanmoins, ne ſeroit-ce pas aſſés de chaſſer ceux qui ne veulent pas changer de Religion, ſans en venir à des extremités qui font même pitié, comme j'ai déja dit, à nos plus cruels ennemis. Cependant par quelle politique je vous prie veut il que des gens reſtent malgré eux dans ſes Etats. C'eſt ce que je ne comprends pas bien encore & ce qui auſſi eſt plus dificile à comprendre que tout le reſte. Et de fait, ne ſçait on pas, que tous ceux qui ſe convertiſſent ainſi par force, ſont ceux qui demeureront toûjours le plus attachés à leur Religion. De tous ceux qui ſont morts depuis que cette grande perſecution eſt ouverte, il n'y en a point qui ne ſe ſoit retracté avant

avant que de mourir, ils ont tous
protesté qu'ils mouroient dans la
creance, dans laquelle ils avoient
été élevés, & quoi qu'on les ait
menacés de confisquer tous leurs
biens, de ruïner tous leur enfans,
& même de faire le procés à leur
cadavre, comme en effet cela est
arrivé, les à-t-on peu resoudre à
changer de resolution, tant il est
vrai, que quelque violence qu'on
exerce, on peut bien asservir le
corps, mais non pas l'ame, qui
à été crée pour être libre.

Aprés tout ce que je viens de
dire, ne puis-je pas conclure que
les Ministres viennent de faire le
coup le plus imprudent, & le
plus capable de ruïner l'Etat,
qu'on puisse jamais s'imaginer.
Quand tous les ennemis ensemble
auroient conspiré sa ruïne, que
pouvoient ils faire davantage, je
vous prie que ce qu'ils ont fait ? y
pouvoient ils mettre plus de divi-
sion

fion, qu'il y en a aujourdhui, &
le Roi avec toute fa puiſſance, eſt
il capable d'y apporter remede.
Tout ce qu'il y avoit de politiques convenoient que toute la
reſſource des étrangers étoit de
tâcher de nous gaigner, en nous
faiſant voir, que les Edits qui ſe
donnoient tous les jours contre
nous, ne viſoient qu'a détruire
entierement nôtre Religion;
mais c'étoit plutôt des viſions,
que des choſes à pouvoir s'executer. Il eſt vrai que nous étions
déja dans la perſecution, cependant la confiance que nous avions
en la juſtice du Roi, nous éloignoit ſi fort de croire qu'on en
vînt à cette extremité, que nous
n'aurions jamais eû garde de nous
jetter dans la deſobeïſſance. Nous
voions bien que nous n'étions pas
aimés, mais nous ne pouvions
croire que nous fuſſions ſi fort
haïs, que le Roi entreprît de

nous

nous perfecuter au peril de fon Etat. Mais aujourdhui qu'on nous réduit à la derniere extremité, que pouvons nous perdre davantage que ce que nous avons déja perdu, les uns n'ont plus de bien, les autres n'ont plus de liberté de confcience, on a ôté la femme aux uns, aux autres les enfans, les uns fe font bannis euxmêmes de leur païs, plutôt que de renoncer à leur Religion, les autres ont renoncé à leur Religion en apparence, mais ça été pour conferver leur bien, leurs femmes, & leurs enfans; qu'eft-ce que tous ces gens là, je vous prie font capables de faire aujourdhui? & fi le defefpoir les fait tomber dans quelque faute, qui eft-ce qui en eft plus refponfable, ou d'eux, ou de ceux qui les ont reduits dans cette fatale neceffité. Ce font ces gens-là à qui l'on fe doit prendre de tous les malheurs

qui

qui peuvent furvenir à l'état, ce
font eux qui font qu'on peut é-
couter les promeffes des étrangers,
& même feront peut-être qu'on
les ira folliciter jufques chez eux
pour avoir leur protection. On
n'a plus d'efperance qu'en eux, il
faut bien y avoir recours de toute
neceffité. Peut-être feront ils
bien aifes d'accorder leur fecours,
& quand même ils ne feroient pas
tout ce qu'on fouhaitte, toûjours
eft il certain, que le Roi fait une
perte irreparable. Tant de gens
de toutes fortes de conditions, qui
viennent de fortir de fes Etats, en
vont enrichir d'autres, foit par
le commerce, qu'ils porteront
dans les lieux ou ils fe font retirés,
foit par les manufactures qu'ils
établiront dans ces mêmes lieux,
foit par les arts qu'ils y feront
fleurir, & enfin par mille autres
chofes femblables, qui feroient
trop longues à rapporter. Mais

cé

ce qu'il y a de plus à craindre,
c'est qu'y en aiant beaucoup plus
parmi ces pauvres exilés, qui
n'ont pas de métier, que de ceux
qui en ont, ils vont être dans la
neceſſité de porter les armes, &
s'il arrive jamais que le Prince qui
leur aura donné retraite ait quelque choſe à dêmeler avec le Roi,
il eſt conſtant qu'ils ſe feront
plutôt hacher en piéces, que de
reculer. Ils ſe reſouviendront
toûjours avec quelle inhumanité
ils ont été traités, & il eſt à préſumer que ce ſouvenir effacera de
leur eſprit les ſentimens que la
naiſſance leur peut avoir impri-
més On a beau dire que l'amour
du païs ne meurt jamais, & prin-
palement dans le cœur des François, cela n'eſt bon, qu'en tant
qu'ils ſont bien traités, mais dés
qu'ils ont quelque ſujet de mécontentement, & ſur tout comme celui qui vient d'arriver, ils

F

ne

ne gardent pas plus de mesures
que les autres. Ils sont même plus
impatiens, ce qui fait dire que si
on ne leur donne de l'occupation
chez les étrangers, il est a craindre qu'ils n'excitent quelques re-
muemens chez eux. Ils vont
donc exciter tous les jours les
puissances à prendre les armes, &
il est vraisemblable de croire
qu'ils n'auront pas beaucoup de
peine à y reüssir, j'en ai rapporté
les raisons ci-dessus, c'est pourquoi il seroit superflu de recommençer, tout ce que je puis dire,
c'est que ce ne sera pas un petit secours à ces Princes, & si les Ministres y eussent bien songé, ils
se seroient bien donnés de garde
de se priver de tant de gens qui
sont si propres à être bons soldats.
L'on sçait que la Nation n'a jamais reçû d'échec considerable,
que quand elle a eû affaire à la
Nation même. Qui peut dire si ce
n'est

n'eſt point par là qu'elle doit tomber de ce haut faîte de grandeur ou on la voit aujourdhui ! Helas nous nous ſommes réjouïs bien ſouvent des victoires que le Roi avoit remportées ſur les ennemis, mais je vois bien que nous ne ſçavions pas ce que nous faiſions. C'étoit le commencement de la perte de nôtre liberté, & ſi le Roi eût toûjours eû affaire de nous, il nous auroit plus menagés. Mais des avantages continuels lui ont fait croire qu'il étoit au-deſſus de toutes choſes, il a cru qu'il pouvoit dorenavant gouverner tout le Monde de ſon Cabinet, il a fait mouvoir de là toutes les autres puiſſances à ſon gré, rien n'étoit plus beau, je l'avoüe, & ſa reputation étoit ſi grande, qu'il n'avoit plus beſoin de troupes, pour ainſi dire, pour ſe faire craindre, mais s'il vouloit que cela continuât, il ne falloit pas

F 2

tant

tant croire ſes Miniſtres, comme il vient de faire, il falloit penſer que ſa principale force conſiſtoit dans l'union de ſon Etat, pour être d'une Religion contraire à la ſienne, nous n'en étions pas moins affectionnés pour ſa gloire. Nous l'avions aſſés témoigné dans les guerres précedentes aux dépens de nôtre bien, & de nôtre ſang, nous étions prets de faire encore la même choſe en toutes ſortes d'occaſions, pourquoi donc donner ſoi-même des armes à ſes ennemis, & qui eût crû qu'un Roi ſi éclairé, & ſi politique, ajoutât tant de foi à de certaines gens, que cela lui fît faire une ſi grande faute. Certainement je ne ſçaurois rien dire à cela, ſinon que les Etats ont de certaines bornes, qu'il ne leur eſt pas permis de paſſer, quand ils en ſont venus à un certain point, il eſt de toute neceſſité qu'ils rétrogradent, voilà

ce

ce qui fe peut dire du nôtre aujourdhui, le quel étoit monté à
un tel point de grandeur, que
pour me fervir des termes, que je
crois avoir veû quelque part, il
étoit dévenu la terreur de toutes
les puiffances, quelques éloignées
qu'elles puiffent être. Qu'on confidere toutes les Ambaffades que
le Roi à reçuës des Nations les
plus barbares, c'eft un effet de
cette grande reputation à laquelle
il s'étoit élevé, pourquoi rifquer
une chofe fi precieufe, & me
puis-je laffer de dire qu'il y a en
cela une imprudence fans pareille.

Tout le monde avoit reconnu
depuis quelque temps, qu'on ne
vouloit plus de guerre à la Cour,
j'en ai remarqué la raifon, & en
même temps le prejudice notable
que l'Etat en a reçú. Il eft à croire, que le Roy eft trop éclairé
pour avoir ainfi oublié fes interêts fans de puiffantes raifons,

&

& perſonne ne doute que ce n'ait été de peur de mettre ſa gloire en compromis. Il a conſideré qu'il étoit le Prince le plus glorieux qu'il y eût dans toute la Chrêtienté, & que la fortune ſe pouvant laſſer de ſuivre ſon parti, il luy pouvoit arriver la même choſe, qu'à l'Empereur Charles Quint, qui aprés une ſuite continüelle de proſperités, éprouva un revers de fortune, qui lui fut ſi ſenſible, que l'on croit que ce fut ce qui contribüa davantaà ſa retraite. Voilà, dis-je, ce qui a retenu le Roy dans un temps, ou il pouvoit ſe promettre tant de choſes de la force de ſes armes. Je ne ſçais ſi ſa Politique eſt bonne, & beaucoup de gens en doutent auſſi bien que moy. Il n'étoit rien tel que de mettre ſon Royaume en repos, & l'on ſçait qu'il n'y ſera jamais, tant que les Eſpagnols auront un pouce de terre en
Flan-

Flandres, quoi qu'il en soit, ce
qui fait encore plus douter qu'il
ait pris des mesures justes, c'est
ce qui vient d'arriver, il devoit du
moins s'assurer de ce côté là, s'il
vouloit nous pousser à bout,
comme il vient de faire, quelques
forces qu'il ait, c'est avoir trop
d'affaires en un même temps sur
les bras, que d'avoir les ennemis
à ses portes, & tant de sujets mécontens dans le cœur de son Etat.
Croit-il que les Espagnols, qui
ont tant de sujet de ne le pas aimer, s'oublient dans une occasion si favorable? Les Hollandois,
quelque mine qu'ils fassent, ne
voudroient-ils pas de même pouvoir donner des bornes à sa puissance. Toute l'Allemagne n'est-
elle pas d'ailleurs dans les mêmes
sentimens, & enfin quoi que nous
n'aions rien à demêler avec l'Angleterre, n'est-il pas à presumer
que ce sera elle qui donnera encore le plus de chaleur à toutes ces

 bri-

brigues, pourra t-elle voir ruïner une religion, dont la conformité avec la sienne, l'oblige de donner secours à tant de pauvres malheureux. Mais pourquoi en douter, puisque déja tous les peuples commencent à s'expliquer fortement là-dessus. Aussi voient ils bien, que le même malheur les peut menacer quelque jour. Enfin ils n'attendent plus que l'assemblée du Parlement, pour en dire leur avis : mais helas ! il est bien à craindre qu'il ne s'assemble pas si-tost, ceux qui ont conspiré nôtre malheur, n'auroient jamais osé l'entreprendre, s'ils n'avoient été seurs de ce côté là. Et c'est en cela que je suis obligé malgré moy d'admirer leur Politique. Ils ont eu peur que le Roi d'Angleterre, aprés avoir triomphé du Duc de Montmouth, ne se rendît trop puissant dans ses Etats. Il en prenoit déja le chemin par des voies imperceptibles,

il

il falloit l'arrêter par un moien,
dont il n'eût pas lieu de se plaindre. En voicy un le plus adroit,
dont on ait jamais ouï parler. On
nous maltraite, nous, dont il n'a
garde de prendre le parti, puisqu'il a renoncé à nôtre religion.
Que dira t-il à cela? rien, puisque
s'il le faisoit, il perdroit l'amitié
des Catholiques Romains. Cependant on arrête par là ses desseins, il n'ose plus assembler de
Parlement, depeur qu'on ne l'o-
blige à prendre les armes en faveur d'une religion contre laquelle il s'est declaré. Il a sujet de
tout craindre, de quelque côté
qu'il se tourne. S'il proroge son
Parlement, il se prive du secours
qu'il pouvoit esperer par son
moien; s'il l'assemble, il s'expose
à des inconveniens que les moindres Politiques peuvent se representer. Etrange perplexité pour
un Prince qui aime la gloire, &

F 5

qui

qui s'eſt privé lui-même par ſon changement de Religion, de devenir le plus puiſſant Roi, qui ait jamais regné en Angleterre. Car enfin n'eſt il pas vrai, que ſi cela n'étoit pas, il ſeroit en état aujourdhui de faire trembler la France? Ne ſeroit ce pas à lui que nous aurions recours, & ſon Roiaume, qui eſt déja ſi floriſſant, ne le ſeroit il pas devenu encore davantage, ſi nous avions augmenté le nombre de ſes ſujets. Mais que dis-je, nôtre malheur ne ſeroit jamais arrivé s'il s'étoit conſervé en cet état. Le Roi n'auroit eû garde d'entreprendre comme il a fait de nous détruire. Il y auroit ſongé plus d'une fois, cette porte nous étant ouverte, mais comme c'étoit lui-même qui nous l'avoit fermée, il n'avoit plus rien à craindre de ce côté là. Ce que je dis ici n'eſt point par paſſion, l'on ſçait bien que c'eſt

lui

lui qui à contribué plus que perfonne à faire changer de Religion
à ce Prince : politique rafinée , &
que je fuis obligé d'admirer tout
le premier ; quoi que je recon-
noiffe que c'eft de là d'ou dérivent
tous nos maux. Ce n'eft donc
point de ce côté là que nous de-
vons attendre quelque fecours , il
ne nous faut plus regarder cette
Monarchie , que comme un thea-
tre ou il fe joüera dorenavant di-
verfes Sçenes , mais peut-être
des fçenes fanglantes , principalement fi le Roi d'Angleterre entreprenoit jamais de faire le même
traitement à fes fujets , que celui qu'on vient de nous faire. Cependant il eft à préfumer qu'il
n'ofera l'entreprédre fi tôt, nôtre
exemple inftruit trop fes peuples,
pour ne fe pas faire fages à nos dépens. Ils n'ont qu'a avoir devant
les yeux, comment on nous a op-
primés pied à pied, & c'eft en

un mot une belle leçon pour ceux
à qui il reste encore quelque image de liberté.

Mais pourquoi me mêler ici
des affaires d'autrui, & ne diroit-
on point que je n'en ay pas encore tant que j'en puis porter, puis
que nonobstant tous les maux qui
m'environnent, j'ai encore assés
de presence d'esprit pour penetrer dans la politique. Mais ce
que je puis dire à cela, c'est que
si l'un n'avoit pas du rapport avec
l'autre, je ne m'en serois pas mêlé.
Les Ministres aiant en veuë nôtre
destruction, en ont jetté les fondemens en rendant le Roi d'Angleterre suspect à ses peuples.
Dieu veuille qu'il reconnoisse le
Bourbier, ou ils l'ont jetté : les
presens des ennemis, dit-on, sont
toûjours dangereux, à plus forte raison leurs Conseils. Avec
quelle précaution le Roi d'Angleterre devoit-il écouter leurs
avis,

avis, c'eſt bien de quoi ils ſe ſou-
cient que le Prince ſoit Catholique, ou Proteſtant, tout leur but
eſt de le rendre incapable de s'oppoſer à leurs entrepriſes, & c'eſt
en quoi ils ont fort bien réüſſi.

Mais je m'écarte inſenſiblement de mon ſujet, il ſemble même que je diſe tout le contraire
de ce que je veux dire, puis-que
m'étant propoſé de faire voir la
faute que les Miniſtres du Roi
ont faite, je devois m'appliquer
uniquement à cela. Cependant
je viens de loüer leur politique,
au lieu de la reprendre. Mais je
réponds à cette objection, que
ſi j'en uſe ainſi, c'eſt que je ſçais
loüer ce qui en vaut la peine, tout
de même que blâmer, ce qui merite de l'être. Je dirai pourtant
que s'ils ſe ſont mis en repos du
côté de l'Angleterre, comme je
viens de faire voir, il n'en eſt pas
de même à l'égard des autres

F 7

puiſ-

puiffances. Chacun voit clair
fur ce qui vient de fe paffer, &
quoi que le Pape foit obligé par
politique de remercier le Roi de
nous avoir chaffés, toutes fois il
n'eft pas maintenant à reconnoître que cela lui nuit beaucoup
plus, que cela ne lui peut fervir.
Il voit fi cette action réüffit, que
le Roi entre par là dans le chemin
qu'il cherche depuis fi longtemps
de la Monarchie univerfelle. Il
voit, dis-je, qu'il leve une difi-
culté qui arrêtoit beaucoup de
peuples de fe foumettre à fa domination. Les Flamans fur tout,
qui n'aiment pas les Proteftans,
lui ont objecté plufieurs fois, que
s'il avoit jamais leur païs, ils feroient obligés de nous fouffrir.
L'on fçait qu'à l'égard des villes
conquifes, elles ont toûjours in-
feré un article, par lequel nous
avons été exclus de nous y pouvoir habitüer. C'eft donc un
leur-

leurre pour toutes celles qui res-
tent à conquerir, & elles n'auront plus desormais ces sortes
d'objections à faire. Le Pape,
qui sçait cela, sçait encore que
la Religion Catholique n'étant
pas tant detruite en Hollande,
qu'il n'y reste plusieurs milliers
d'ames qui la professent, ce sont
autant de creatures que le Roi
s'est faites, en declarant si hautement qu'il ne veut point souffrir d'autre Religion que la leur.
Or je demanderois volontiers si
c'est l'interêt du Pape, que le Roi
ait tant de creatures de tous côtés.
j'avouë que ce seroit son avantage
que sa Religion fleurît dans toutes les parties du Monde, mais
sous differens Princes, & non
pas sous un seul, autrement nous
verrions bientôt revenir le temps
ou il faudroit que lui & ses successeurs eussent recours au Roi, comme ils faisoient autresfois à l'Em-
pe-

pereur , pour être confirmés dans leur dignité. Or cela ne leur plairoit pas, & il eſt à croire qu'ils s'accommodent bien mieux de voir fléchir ces Princes ſous leur authorité.

Mais ce qui touche encore de plus prês le ſiege de Rome, c'eſt qu'il court un certain bruit, comme j'ay déja dit , que le Roy ſe ſervira de cette occaſion pour envahir la Suiſſe. Je doute fort cependant qu'il en ait la moindre penſée, car comme c'eſt un Prince qui ne fait gueres de fauſſes demarches, en matiere de ſes interêts, il eſt à croire qu'il n'entreprendra jamais la conquête d'un païs, dont la poſſeſſion lui ſeroit plus onereuſe , que profitable. J'en ay dit les raiſons cy-devant, il ſeroit donc ſuperflu de recommencer tant de fois. Cependant cela n'empéche pas que ces bruits ne donnent de la jalouſie au Pape.

Quoi

Quoi que ces peuples foient dans une efpece de dependance de la Couronne, qui tient beaucoup de la perte de la liberté, neanmoins comme on fe flatte toûjours, il efpere peut-eftre que fi le Roy entreprenoit de paffer en Italie, ils ouvriroient les yeux fur leurs interêts, ils ont fauvé autrefois la Duché de Milan, & il fe peut faire qu'il fe flatte encore qu'ils feroient la même chofe, s'il prenoit fantaifie au Roy de faire cette nouvelle conquête. Il n'a donc pas l'efprit affés libre, pour faire reflexion fur toutes les raifons que le Roy peut avoir pour ne point attenter à la liberté de cette nation. Il ne confidere rien autre chofe, finon qu'y ayant toûjours eu de la divifion dans les Cantons au fujet de la religion. Ceux qui font profeffion de la Catholique en vont être bien plus étroitement unis

au

au Roy , maintenant qu'il s'eſt
declaré l'ennemi juré , de ceux
qui profeſſent une autre religion.

Voilà de puiſſantes raiſons
pour mettre le Pape en cervelle,
mais il y en a une ſecrete , qui ne
fait pas moins d'effet , quoi qu'il
n'oſe s'en vanter. Autresfois
quand le procedé du Roy, n'eſtoit
pas tout-à-fait conforme à ſes de-
ſirs , il trouvoit toûjours quelque pretexte pour faire quelque
Ligue contre luy. Ces pretextes
étoient fondés bien ſouvent ſur
ſa conduite en matiere de religion, mais aujourdhuy voilà tous
ces pretextes à bas. Bien loin que
le Pape eût donné lieu d'entrer
dans aucune Ligue contre le Roy,
cela tourneroit à ſa confuſion,
d'autant plus qu'il faudroit que
ce fût avec des Princes Proteſtans. Je ſçais bien qu'il y en a eu
quelques-uns qui ont tenu le ſiege

ge avant lui, qui n'y ont pas pris garde de si près, & même l'Histoire nous apprend qu'ils ont même envoyé jusques à Constantinople, pour prier le Grand Seigneur de faire diversion en leur faveur. Mais enfin cela sonne toujours mal dans le monde, & pour peu de soin qu'on ait de sa reputation, on n'en vient gueres à cette extremité. Quoi qu'il en soit on voit par tout ce que je viens de dire, que le Pape ne doit pas être trop content de ce qui vient de se passer. Les affaires d'Angleterre commençoient d'aller bien pour lui, cela n'en-intérompt pas seulement le cours, mais il y apporte encore un tel obstacle, qu'il est impossible d'y remedier. D'un autre côté il voit les peuples plus disposés à subir un joug, qui leur avoit toûjours fait peur. Que peut il dire à cela ? & n'est-ce pas proprement en avoir fait un ennemi
se-

secret, & au lieu de l'avoir gaigné, comme on prétend.

Si le Pape doit ainsi avoir de la
jalousie de nôtre malheur, que
ne doit point faire l'Espagne, elle
qui aiant toûjours été opposée au
Roi, voit qu'il prétend lui donner par là le dernier coup ; je dis,
prétend, car bien loin que je
croie que cela se puisse faire, j'ai
fait voir au contraire ci-devant
combien cette politique étoit
fausse. Cependant cela n'empêche pas que cette Couronne ne
doive prendre part à nôtre disgrace. Je ne dirai pas que c'est par
l'esperance qu'elle pouvoit avoir
de nous faire soulever contre
nôtre Souverain ; nous en étions
incapables, mais elle peut voir
que si nous sommes abandonnés,
le Roi se rend incontestablement
plus considerable qu'il n'étoit à
quelques Princes qui ne nous aimoient pas. Elle a toûjours été re-
pu-

putée pour le soûtien des Princes
Catholiques , c'est une qualité
qui lui reste encore malgré qu'elle soit décheuë de son ancienne
splendeur , mais elle ne lui reste-
ra plus gueres , s'il est dit que
nous soions obligés de subir la loi
rigoureuse qu'on nous impose.

Voilà les raisons qui obligent
le Roi d'Espagne à nous assister
dans nôtre malheur , sans conter
beaucoup d'autres , qui sont bien
plus naturelles , mais que je passe
sous silence , étant faciles à deviner : quoi qu'il en soit nous
nous pouvons vanter , que voilà
déja deux des plus puissans ennemis que nous aions jamais eûs
qui entrent malgré eux dans nôtre parti. Et je me trompe fort,
si l'un ne nous assiste ouvertement , & l'autre en secret. Tout
du moins nous aurons les vœux de
celui-ci , si nous n'avons pas son
secours , & c'est toûjours une
espe-

pece de confolation à des miferables.

Cependant fi quelqu'un eft obligé principalement à nous proteger, c'eft fans doute l'Empereur.
S'il foufre que nous foions tous
obligés à fortir de France, c'eft-
à-dire s'il ne fait pas quelque diverfion pour nous donner du re-
lâche, n'allons nous pas peupler
une partie de l'Allemagne, & les
Princes fous la domination de qui
nous nous rangerons, étant d'u-
ne Religion contraire à la fienne,
n'auront ils pas mille chofes à demêler enfemble dans la fuite des
temps. Cela préfuppofé, comme il eft indubitable, ne doit-il
pas s'opofer à voir croître leur
puiffance? Ne nous repandrons
nous pas même jufques dans les
lieux de fa domination, ou nôtre
Religion eft foufferte, & lui qui
a prefque la même politique que
le Roi, c'eft-à-dire qui a donné
en

en mille rencontres des marques qu'il ne nous aimoit pas, poura t-il venir à bout si facilement de ses desseins. Nous sommes prévenus la plupart qu'il n'y a que nôtre Prince d'invincible, c'est peut-être la raison qui nous empêche d'éclater dans nôtre desespoir, car enfin on est capable de bien des choses en l'état ou nous nous trouvons. Mais si nous sommes une fois chez lui, nous serons bien éloignés de cette pensée à son égard. Je tombe d'accord, si l'on veut, que j'ai tort, & que c'est un grand Prince; je veux aussi, qu'aiant aquis beaucoup de gloire dans ces dernieres campagnes, il n'est pas à mépriser. Mais soit que nous ne fassions point de cas des choses qui se passent si loin, ou que le défaut de nôtre Nation soit de mépriser tout le monde, je le dis encore, par tout ou nous nous retirerons,

il

il fera dangereux de nous chagriner fur nôtre Religion. Nous ferons même capables d'encoura-
ger les autres à prevenir de bonne
heure les fuites d'un mauvais
traitement, ce qui nous eft arrivé nous fervira d'excufe, fi nous
nous montrons un peu défians, &
pour tout dire en un mot, les
Catholiques n'auront point dorenavant de plus grands ennemis,
que nous. Je ne crois pas pecher
contre l'Evangile, en parlant de
la forte, je fçais bien que tant s'en
faut que Dieu nous commande la
vengeance, il nous ordonne d'aimer nos ennemis. Auffi n'eft-ce
pas à leurs perfonnes que nous en
voudrons, mais à leur doctrine,
dont nous avons la même opinion
qu'ils peuvent avoir de la nôtre.

L'on voit parce que je viens de
rapporter, que l'Empereur à interêt d'empécher que nous ne nous
retirions, ni dans fes Etats, ni
dans

dans ceux de ſes voiſins. Cependant comment fera-t-il pour en
venir à bout, & n'eſt ce pas déja
une choſe qui lui eſt impoſſible.
Combien y en a-t-il qui ont déja
paſſé dans les Etats du Marquis
de Brandebourg, & combien y
en paſſera t-il encore? N'y en a-
t-il pas même, comme j'ai dit ci-
devant, qui ſe ſont déja établis
dans les terres de ſa domination.
Mais Dieu quel établiſſement, &
ces gens qui n'ont pas eû le temps
de ſe précautionner en aucune façon, ne ſont ils pas miſerables
par tout ou ils vont. Quelque
compaſſion qu'on ait de leurs malheurs, peut on apporter du ſoulagement à leurs miſeres. La neceſſité les accable, avant qu'ils
oſent ſeulement la faire connoître. D'ailleurs comment ſubve-
nir à un ſi grand nombre, & n'eſt
ce pas proprement demander
l'impoſſible. Mais je ne prends

G

pas

pas garde que je me laisse aller in-
fensiblement au souvenir de nos
malheurs, & que j'en pourois
bien oublier mon sujet. Je disois
donc, que l'Empereur avoit lieu
de ne nous pas souhaiter, ni pour
ses sujets, ni pour ses voisins.
J'ajoûterai à cela, que cette
crainte lui doit faire faire la paix
promptement avec le Turc. Et
voici quelle est ma raison. Il est
indubitable qu'il est sorti de France plus de quinze cent Officiers
de nôtre Religion, tous gens de
service, & de cœur, & qui n'aiant
point d'autre métier que celui de
la guerre, l'iront plutôt chercher
jusques au bout du monde, que
de mener une vie languissante,
& qui d'ailleurs comme ils n'ont
plus que la cape & l'epée les jet-
teroit bientôt dans une honteuse
necessité. Or de tous ceux là, la
pluspart ont pris le chemin de la
Hongrie, & je m'imagine que
leur

leur premier deſſein à été de prendre parti dans les Trou-pes de l'Empereur, ou dans celles des Princes, qui luy donnent ſecours aujourdhuy. Mais enfin quand même ils au-roient tous trouvé de l'employ, ce qui eſt bien dificile à croire, neanmoins, par pluſieurs raiſons, l'Empereur y peut-il prendre confiance, lui qui a fait tant de choſes dans ſes Etats contre les gens de nôtre communion, & qui par conſequent peut s'imagi-ner que nous ne l'aimons pas plus, qu'il nous aime. Je ne diray pas pour cela que nous fuſſions capa-bles d'avoir intelligence avec les Turcs, nous faiſons une grande difference des Chrêtiens, d'avec les infidéles, mais ce que je puis dire, c'eſt que ſi nous pouvions percer juſques dans la haute Hon-grie, nous croirions avoir trouvé la terre promiſe. Quoi que les

 mé-

mécontens y entretiennent intelligence avec le Grand Seigneur, nous croirions pour cela ne pas combattre pour ses interêts, mais pour ceux de nôtre religion, qui a donné commencement aux premiers troubles. Enfin nous-serions peut-être les ennemis les plus dangereux qu'il pourroit avoir, & j'ose dire, sans nous donner pourtant trop de vanité, que nous avons appris nôtre métier dans une école, où si le Grand Visir qui assiegea Vienne, eût fait son apprentissage, il auroit peut-être mieux reüssi, qu'il ne fit devant cette place. Je n'en diray pas d'avantage, la chose parle d'elle même, & si nous ne sommes pas beaucoup à craindre par le nombre, j'entends à l'égard de ceux qui sont capables d'être Capitaines, peut-être le sommes nous par d'autres endroits. Nous apportons avec

nous

nous un esprit incapable de prendre confiance dans les Catholiques, & cela étant : comme il
n'en faut point douter, c'eſt à
eux à croire que nous recherche-
rons toûjours avec beaucoup de
ſoin, toutes les occaſions de nous
affranchir de leur puiſſance.

Voilà des raiſons, qui ſi je ne
me trompe point, obligent l'Empereur à faire promptement la
Paix avec les infideles, pour tourner ſes armes enſuite contre la
France. Je ne diray point les
avantages qu'il trouvera dans ce
changement, j'en ay dit un mot
cy-devant, mais je ne ſçaurois
m'empécher de répeter, que jamais occaſion n'en ſera ſi belle
pour lui. Cependant mille autres
raiſons de Politiques l'obligent
encore d'en venir là, quand même ce ne ſeroit pas ſon inclina-
tion. Les principales ſont qu'il
ne doit pas ſouffrir que les Cou-

ronnes du Nort deviennent puiſſantes, ce qu'il ne ſçauroit empêcher, à moins que de faire la
guerre à la France. La raiſon
ſur quoy je me fonde, c'eſt que ce
ſera de ce côté là particulierement que nous nous retirerons.
Or quoi que nous n'ayons pour
tout bien, les uns que nôtre epée,
les autres que quelques arts, ou
quelques métiers, neanmoins
c'eſt toûjours donner des ſujets à
un Etat, & plus ces ſujets ſeront
pauvres, plus ils ſeront obligés
à s'évertüer, pour ſe tirer de la
neceſſité. Le Prince de ſon côté
ayant un ſi grand ſuperflu d'hommes, ſe verra contraint d'entreprendre la guerre pour leur donner de l'occupation. Cependant
cela ne ſe pouvant faire qu'au
préjudice du repos de l'Allemagne, c'eſt à l'Empereur à y donner ordre ; & celui qu'il y peut
donner, eſt d'entreprendre la
guer-

guerre que je viens de dire, il n'aura plus à craindre alors que nous nous habituïons nulle part, quand nous ferions au bout du monde, nous reviendrions incontinent pour voir s'il n'y auroit point de moien de rentrer dans nôtre chere patrie. Peut-être mêmes que le Roy commençant à connoître le préjudice qu'il s'eſt fait de ſe priver de nous , nous rappelleroit comme ſes bons, & fideles ſujets. Il ne faudroit que le moindre évenement pour luî ouvrir les yeux, & enfin s'il ne nous rappelloit pas par amitié, peut-être le feroit-il par Politique. Qu'importe pourveu que nous y trouvaſſions nôtre ſeureté , & le repos de nôtre conſcience.. Quoy qu'il en ſoit, nous ſerions encore tout préts, comme nous avons toûjours été, de nous ſacrifier pour lui. Quelque traitement que nous en recevions,

G 4 . c'eſt

c'eſt un Prince que nous ne ſçau-
rions effacer de nôtre memoire,
nous nous ſouvenons toûjours
que nous avons vaincu avec luy,
& quelques charmes qu'ait la victoire, elle n'en auroit pas la moitié tant pour nous, s'il nous la
falloit partager avec un autre; un
grand Prince me le ſut bien dire,
il n'y a pas long-temps, lorſque
j'eus l'honneur de le ſalüer. Vous
voilà malheureux, & fugitif
maintenant, me dit il, & cela eſt
cauſe que vous venez nous offrir
vos ſervices. Mais je parirois bien
que ſi le Roy vous rappelloit,
vous retourneriez le ſervir, quelque emploi que nous vous euſſions donné. Un autre lui auroit
peut-être dit, que non, & lui
auroit fait ſans doute la deſſus des
compliments à perte de veüe.
Mais pour moy je fus plus ſince-
re, & lui avoüé ingenuement
qu'il avoit raiſon, & defait s'il
n'y

n'y fût point allé de m'a confcience, rien n'étoit capable de
me faire faire ce que j'ay fait, mais
enfin Dieu eft plus que le Roy, &
il n'y a que ceux qui ne croient
pas d'autre regne que le fien, qui
en ufent d'une autre maniere.

Si je fais ainfi de temps en
temps quelque digreffion, cela
m'eft bien pardonnable en l'état
ou je fuis, & quelque critique
que l'on foit, on auroit tort de
m'en reprendre. Il eft permis
dans un pareil état, que celui ou
je me trouve, de donner quelque
chofe à la nature, d'autant plus
que je ne m'éloignerai pas tant de
mon fujet, que je n'y revienne
bien. Je difois donc qu'il n'étoit
pas de l'interêt de l'Empereur de
laiffer croître les puiffances du
Nort, qui pouroient bien lui
donner de la peine; mais comme
cette thefe me paroît un peu trop
generale, dans l'Etat ou font les

G 5

cho-

choſes aujourdhui , je parlerai
plus poſitivement , en deſignant
la Couronne qui lui doit être le
plus ſuſpecte. Il eſt conſtant
qu'a ne regarder les choſes que ſu-
perficielement, c'eſt celle de Suede , laquelle par les conquêtes
qu'elle a faites en Allemagne , ſe
voit en état toutes les fois, qu'elle
en aura le pouvoir , de donner
beaucoup d'affaires à l'Empire.
Cependant ce n'eſt pas d'elle,
dont je veux parler. L'alliance
qu'elle a maintenant avec la maiſon d'Aûtriche , l'attache à ſes
interêts , bien loin de ſonger à la
détruire. Mais je prétens que
c'eſt la Couronne de Danemark,
laquelle par les liaiſons étroites
qu'elle a priſes avec le Roi, tâche-
ra toujours de mettre obſtacle
aux deſſeins que cette Maiſon
poura avoir : l'Empereur en devant être perſuadé, c'eſt à lui à
ne pas ſouffrir que ſa puiſſance
aug-

augmente à un point, qu'elle puisse balancer les Alliances qu'il a avec les Princes voisins de cette Couronne. Elle est déja devenuë assés puissante par l'invasion du païs d'Holstein, sans souffrir qu'elle le devienne d'avantage par de nouvelles entreprises. Cependant elle en prend le grand chemin par nôtre malheur, c'est là ou nous abordons de toutes parts, & c'est encore en cela que j'admire la politique du Roi, qui repare, pour ainsi dire, la faute que ses Ministres font de nous persecuter, par un coup d'addresse. Il envoie devant le Comte de Roie dans ce païs là pour nous y attirer non seulement, mais encore pour nous y faire trouver nôtre exil plus suportable. Car enfin qu'est-ce que ce Comte y avoit affaire sans cela, il y fut à la verité, il y a deux ou trois ans, mais c'étoit lors qu'on croioit que

 la

la guerre devoit s'allumer, &
même qu'elle commenceroit par
le Nort, il étoit donc neceſſaire
d'y envoier un General pour
commander les Armées d'un Roi;
qui eſt dans nôtre Alliance, &
qui témoignoit le deſirer. Mais
aujourdhui que nous ſommes dans
une paix tranquile, & qui doit
durer vingt ans, quelle apparence y a-t-il qu'un des plus grands
Seigneurs de France, paſſât de
la Cour du monde la plus polie,
& la plus galante, dans une qui
n'en approche en aucune façon.
Il faut qu'il y ait du miſtere,
dans tout cela, & c'eſt ſans doute celui, dont je viens de parler:
mais ce qui nous doit confirmer
dans ce ſoupçon, C'eſt qu'il n'y
a que pour lui que le Roi ſe relâ-
che aujourdhui de la rigueur de
ſes Edits. Le Roi fait commandement au Maréchal de Schom-
berg, & à ſa femme de ne pas deſ-
cm-

emparer de la Cour, car enfin je viens d'apprendre cette circonstance, ainsi je me dédis de ce que j'ai dit ci-devant. Cependant ce Maréchal n'est pas né son sujet, & la Justice veut qu'il le laisse partir s'il en a envie, & à l'égard du Comte de Roye, on ne le fait pas expliquer seulement, on fait plus on permet à Madame sa Femme de l'aller trouver avec deux de ses filles, tant il est vrai qu'il est bien juste de garder des mesures avec un homme dont on a affaire. C'est pour cela encore, qu'au lieu de confisquer son bien, selon la rigueur des derniers Edits, on lui laisse son liberal Arbitre, disposant les choses de maniere, que s'il demeure dans la Religion Reformée, il paroîtra que les terres passeront à ses enfans, pendant neanmoins que les revenus en seront portés jusques en Danemark.

G 7

Voilà

Voilà cette belle politique que je suis obligé, comme j'ai déja dit, tant de fois, d'admirer le premier. Voilà encore ce qui m'oblige de me retracter de ce que j'ai dit ci-devant, car enfin avec tant de conditions avantageuses, il n'y a plus de liens qui obligent le Comte Roie à changer de Religion. Il a à la verité cent mille livres de rente en France, mais ils ne sont pas perdus pour lui, comme il est aisé de juger, parce que je viens de dire; d'ailleurs la qualité de Maréchal General qu'il a en Danemark, le doit consoler de celle de Maréchal de France qu'il pouroit esperer, s'il changeoit de Religion. Qu'auroit il donc à desirer aprés cela, rien sans doute, & au contraire il va être mieux auprés du Roi, qu'il n'a jamais été. On a affaire de lui, cela suffit pour le distinguer de tous les autres.

On

On se soucie bien qu'il soit Reformé, ou Catholique, pourvû qu'on en tire le service qu'on en attend. Aussi n'est-ce pas nôtre Religion, qui fait nôtre crime, mais de certaines Chimeres, dont on se sert pour nous rendre suspects au Roi. J'ai dit que les Ministres ne vouloient plus de guerre, ils se sont avisés de l'en détourner par un endroit dont ce Prince ne penetre pas la malice. Ils lui ont fait accroire sans doute qu'il ne pouroit jamais arriver à la Monarchie universelle, tant qu'il y auroit deux Religions dans son Roiaume. La raison qu'ils lui ont donnée, est que le parti Protestant venant à connoître ses desseins, étoit seul capable de s'y opposer. Que cela arrivant, il étoit à craindre que nous n'entrassions dans des liaisons contraires à nôtre devoir, qu'il nous avoit déja assés maltraités

traités pour en avoir du reſentiment, qu'il étoit bon de nous
prévenir, pendant que l'occaſion
étoit favorable, que nous étions
dêja tout conſternés par la perſecution, & qu'il n'y avoit plus
qu'un mot à dire pour achever de
nous abatre.

Je n'entreprendrai point de re-
futer ces raiſons, c'eſt ſi peu de
choſe que je ne m'en donnerai pas
la peine. J'ai dit ci-devant, que
ſi nous avions eû l'eſprit de deſobeïſſance, nous n'en pouvions
pas trouver de plus belle occaſion
que quand toute l'Europe avoit
les Armes à la main contre le Roi.
Cette ſeule objection doit con-
fondre la malice de nos ennemis,
& c'eſt tout, auſſi ce que je pretens emploier pour montrer la
fauſſeté de leur politique. Cependant je ferai cette diſtinction,
que ſi nos ennemis nous ont rendu
ſuſpects, en faiſant accroire que
nous

nous pouvions avoir des complai-
fances criminelles pour les puiffances qui font de nôtre communion, ils ne l'ont pû faire à l'é-
gard des autres. Et c'eft en cela
fi je l'ofe dire, que le Roi s'eft démenti de cette grande penetration, qui le fait admirer par deffus tous les autres Princes. Car
n'eft-il pas vrai, que les accufa-
tions de nos ennemis peuvent être
fauffes, au lieu qu'il s'eft privé
en les croiant, d'un fecours qui
lui étoit tout affuré contre les ennemis de fa Couronne. Quoi
que toute la Nation ait une haîne
mortelle contre les Efpagnols,
eft elle comparable à celle que
nous leur avons toûjours portée.
Les autres les haïffent feulement
par une certaine antipathie qui eft
naturelle à tous les François.
mais pour nous, nous les haïffons
& par cette antipathie qui nous
eft naturelle, auffi bien qu'a eux,

& par

par mille autres raiſons. Nous
les haïſſons parce qu'ils nous ont
toûjours perſecutés, qu'ils ſont
les autheurs de cette tirannique
Inquiſition, qui à fait perir tant
d'innocens, qu'ils ont conſpiré
nôtre ruïne mille & mille fois,
qu'ils ont inventé mille ſupplices,
& en un mot qu'ils ont été les autheurs de tous les maux qui nous
ſont arrivés. Si ce que je dis eſt
vrai, comme ils n'en faut point
douter, n'eſt-ce pas une grande
imprudence aux Miniſtres d'a-
voir obligé le Roi de chaſſer tant
de ſujets, qui ſont ennemis capi-
taux de ſes ennemis. C'eſt avec
eux qu'il a continüellement la
guerre, pouvoit-il trouver un ſecours plus aſſuré que le nôtre?
Ne volions nous pas à ſon ſecours dés qu'il avoit affaire à cette Nation, avec le plaiſir de ſervir
nôtre Prince, nous avions celui
de venger nos interêts particuliers.

liers. Heureuſe conjonĉture pour un Prince, & combien y en auroit-il qui acheteroient de tels ſujets, au prix de tout ce qu'ils auroient de plus pretieux. Et pour dire la verité, le Roi ſe peut-il promettre la même choſe des Catholiques Romains. Qu'il liſe l'Hiſtoire de ſon Grand Pere, il verra qu'ils avoient la plûpart intelligence avec Philippes II. ſans nous la Monarchie s'en alloit c'en deſſus deſſous, un Prince Eſpagnol rempliroit aujourdhui ſon trône, & il a fallu que nous aions aidé à ce grand Roi, non ſeulement à ſe défendre des ſurpriſes des étrangers, mais encore de ſes propres ſujets. Qui eût cru, que pour un ſi grand ſervice, Loüis le Grand ſon petit fils entreprît de ruïner les rejettons de tant de braves gens ? N'étions nous pas capables encore, de faire ce que nos Peres avoient fait ? Nous a-t-il trou-

trouvés de méchante volonté, quand il a eû besoin de nous, & ne lui avons nous pas aidé aussi bien que les autres à cueillir tant de Lauriers. Ce n'est pas pour nous vanter, mais je ne sçache gueres de Catholique, qui fît plus que fit un simple Capitaine de la Religion Reformée à une de ces dernieres batailles, que nous donnâmes en Allemagne, étant bleffé de deux coups de Pistolet, l'un dans le corps, l'autre dans le visage, & son cheval d'ailleurs aiant été tüé sous lui. Enfans dit-il, à sa troupe, vive le Roi, & passés moi sur le ventre pour aller aux ennemis. Ce sont là des sentimens dignes d'un honête homme, & quand on l'est veritablement, il n'y a point de Religion qui tienne, & l'on ne s'en dément jamais. L'on me dira peut-être que cet Officier ne faisoit cela que par un pur desir de gloi-

gloire, & que le service du Roi n'i avoit aucune part, mais je lais-se à penser ce qui en est, cet homme avoit satisfait à ce qu'il devoit à son courage, en se fai-sant blesser à la tête de sa troupe, & il falloit bien qu'il eût d'autres veuës, en se faisant passer sur le corps dans un temps ou un autre auroit demandé du secours.

Comme cet exemple montre mieux que nous avons du coura-ge que de la fidelité, quand il s'agit de nôtre Religion, j'en fe-rai voir un autre, ou l'on ne pou-ra pas nier, que nous n'aions été mis à l'epreuve, j'entens quel-ques particuliers. Car comme nous n'avons jamais fait de corps à part, l'on n'a peu éprouver la fidelité de tous en general. Il y a dix huit ans que le Roi commen-ça à se rendre redoutable aux en-nemis, & sans qu'il soit besoin que je parle de ce qui arriva en 1667.

1667, & au commençement de 1668, chacun se resouviendra assés que ce fût en ce temps là, qu'il fit des conquêtes merveilleuses. Cependant un méchant François, & je ne nierai pas qu'il ne fût de nôtre Religion, car je ne crois pas qu'il y aille de nôtre honneur pour cela. Et de fait un méchant homme n'est pas capable de deshonnorer une Religion toute entiere. Cependant, dis-je, cet homme entreprit de faire soulever toute l'Europe contre le Roi, & cela dans la pensée qu'il eut que commençant déja à nous persecuter, il acheveroit nôtre ruïne, s'il devenoit jamais plus puissant. Il y avoit de la difficulté à son entreprise, mais il crut que la jalousie qu'on avoit de ses conquêtes, disposeroit les puissances à lui donner une audience favorable. Voila une étrange hardiesse pour un particulier, & encore

core

core pour un, comme celui là, qui étoit de la lie du peuple, ou peu s'en faut. quoi qu'il en soit se confiant en son esprit, il passa de France en Angleterre, d'Angleterre en Hollande, & d'Hollande en Suede, & il réüssit si bien dans ces trois Cours, qu'il fit faire une Alliance contre le Roi. Il eût le bonheur de n'étre point découvert pendant toutes ces intrigues; mais étant passé aprés cela, en Suisse, pour obliger les Cantons Protestans à entrer dans cette Alliance, les Pensionaires qu'y avoit le Roi, l'advertirent de ses desseins. Ce fut un grand chagrin à ce Prince, d'avoir un sujet si dénaturé, & voulant l'avoir à quelque prix que ce fût pour le faire punir, comme il le meritoit, il dit sa pensée à Mr. de Turenne, qui étoit encore alors de nôtre Religion. Mr. de Turenne entra dans ses sentimens, quoi
qu'il

qu'il s'agît de punir un homme, dont les veuës étoient de borner la puissance du Roi. Et de fait cet homme prévoioit comme je viens de dire, que le Roi devenant plus puissant, il entreprendroit de faire ce qu'il fait, c'est-à-dire de nous ruïner. Cependant Mr. de Turenne aiant deliberé avec le Roi des moiens de l'avoir, & le Roi ne pouvant s'assurer que les Suisses le lui voulussent remettre entre les mains, il fut resolu qu'on l'iroit enlever jusques dans les Cantons. On choisit pour cela trois braves gens, & ils étoient tous trois de nôtre Religion, mais le Roi ne craignit point pour cela qu'ils ne s'y comportassent comme il faut ; la raison est qu'il n'é-toit pas obsedé, comme il l'est au-jourdhui par nos ennemis. On ne lui faisoit pas entendre les cho-ses autrement qu'elles ne font, ou du moins si on le faisoit, il y avoit

des

des gens auprés de lui, qui lui
apprenoient la verité. Je n'ai
que faire de rapporter plus au
long ce qui arriva de cette avan-
ture, il suffit que je dise que ceux
qui avoient été choisis, condui-
firent leur entreprise si adroite-
ment, qu'ils enleverent leur
homme. Il voulut les corrompre
par le peril ou il prétendoit qu'é-
toit la Religion, & par le besoin
qu'elle avoit d'un homme, qui
penetrât comme il faifoit, dans
l'avenir. Je crois bien encore
qu'il n'oublia pas de les tenter par
un autre endroit, & on lui avoit
fait affés de bien dans les Cours
ou il avoit paffé, pour leur pouvoir offrir beaucoup d'argent,
mais par malheur pour lui, il avoit
à faire à des gens incorruptibles,
& il fut amené à Paris, ou il
expia fon crime par un des plus
cruels fupplices qui ait été inventé contre les criminels.

H   Ce

Ce que je viens de dire à dequoi prouver que nous sommes
auſſi capables que perſonne, d'ê-
tre fideles à nôtre Prince, & même lors que cela eſt contre nos interêts. Ce ſeroit encore la même
choſe, ſi l'on ne nous avoit pas
mis dans la fatale extremité de faire banqueroute à Dieu, ou au
Roi, & je m'étonne qu'un ſi
grand Prince, que le nôtre, n'ait
pas veu la fauſſe démarche qu'on
lui faiſoit faire. Car enfin, ce que
j'ai dit de nous, il n'y a qu'un
moment à l'égard des Eſpagnols
je le puis dire encore à l'égard du
Siege de Rome. Combien d'at-
tentats à-t-il voulu faire à l'authorité Roiale, & quel ſecours
plus promt que le nôtre, le Roi
à-t-il reçû dans cette conjonctu-
re. Je le renvoiois tantôt à l'hiſtoire de Henri le Grand de glo-
rieuſe Memoire, pour voir combien Philipes II. avoit alors de
Fran-

François Catholiques à fa devotion ; ce fera bien autre chofe, s'il veut regarder combien le Pape en avoit.   Il avoit & ceux qui aimoient les Efpagnols, & ceux qui ne les aimoient pas, le parti des Guifards étoit à lui, encore plus que l'autre, tellement que celui que les Catholiques ont coutume d'appeller le Pere commun des Chrêtiens, étoit un Pere de difcorde.   Je ne prétens pas paffer pour médifant de dire ce que je dis ici, qu'on life cette Hiftoire, l'on verra plus de brigues de ceux qui étoient alors affis fur la chaire Papale que de tous les autres combien d'intelligences dans les Cabinets, combien de legats en chemin pour tourner les efprits, combien d'argent répandu pour gaigner des creatures, & enfin combien de foudres lancés à tort & à travers, quand la puiffance humaine manquoit ? C'eft

H 2   fans

ſans doute un miracle comment parmi tant de brigues, Henri IV. eut le bonheur de ſe pouvoir conſerver. Mais ſi Dieu doit être reconnu pour le premier & l'Autheur de tous ſes bons ſuccés, Certes je ne craindrai point de dire qu'aprés lui, toute la gloire nous en eſt duë. Pendant que ce grand Roi, qui n'avoit jamais tremblé dans le plus fort du combat, trembloit neanmoins de peur d'être abandonné des Catholiques, nous lui jurions de perir tous juſques au dernier pour lui aider à conſerver le trône qu'on lui vouloit ravir avec tant d'injuſtice. Nous ne lui avons jamais fait de propoſitions de partager la France avec lui, comme tant d'autres, dont l'Hiſtoire fait mention nous connoiſſions nôtre devóir, & c'étoit aſſés pour nous y ranger. Que dirois-je d'avantage? la méchante opinion que nous avons

avons d'ordinaire pour ceux qui tiennent le fiege de Rome, étoit encore augmentée par les cabales que nous lui voyions faire contre toute forte de juftice.

Au refte quoi que le Regne de Loüis le Grand foit fi heureux, qu'il femble bien eloigné de pareils évenemens, neanmoins n'eft-il pas vrai, que nous l'avons vû à la veille d'éprouver les foudres Ecclefiaftiques. L'affaire de la Regale a fait trop de bruit pour être ignorée de perfonne, & n'avons nous pas vû dans une infinité de brefs des menaces fourdes de ce que je viens de dire? Si cela fut arrivé, nous euffions vû d'étranges chofes en France, & quoi que la puiffance du Roi foit reverée à un point, qu'elle ne le puiffe être d'avantage, toutesfois la fuperftition eft fi grande parmi le menu peuple, que cela étoit capable d'ebranler la Monarchie.

 Je

Je sçais bien que les grands sé seroient bien donnés de garde de l'i-
miter. Le Clergé même s'étoit
déja declaré là-dessus, & il me
souviendra toûjours de cette Lettre qu'il écrivit au Roi, par laquelle il lui declaroit qu'il ne
pretendoit s'attacher qu'a sa fortune. Cette Lettre, dis-je, est
encore dans ma memoire, & comme elle est aussi dans la memoire
de plusieurs autres, quelqu'un
ne manquera pas d'en faire part à
la posterité. Ce sera un temoi-
gnage authentique du zele du
Clergé envers sa Religion, & en
même temps une preuve toute
claire que s'il a contribué à nôtre
disgrace, c'est qu'il sçavoit bien
que hors l'Eglise Romaine, il n'y
a point de salut. Quoi qu'il en
soit, pour revenir à mon sujet,
je dis donc que quelque glorieux
que soit un régne, le Roi aiant
mille choses à craindre de la part
du

du Siege de Rome, ç'a été une grande imprudence aux Miniftres de ne pas confiderer que dans un pareil accident, fa Majefté trouveroit en nous des perfonnes qui ne fe foucieroient pas des foudres Ecclefiaftiques, qu'on en die tout ce qu'on voudra, c'eft une grande faute que celle là , & s'il arrivoit que le Roi perdît de fa reputation , & qu'il prît fantaifie à un Pape de faire de ces fortes d'entreprifes , il s'y trouveroit bien embaraffé: tous ceux qui adorent maintenant fa fortune, pouroient peut-être lui tourner le dos. Ce feroit même un pretexte aux mécontens, pour efperer un régne plus heureux. L'on fçait qu'il y en a plufieurs qui foupirent aprés cela depuis long-temps, & je me trompe fort s'ils manquoient une occafion comme celle-là, du moins ils ne pouroient jamais l'avoir plus belle , puifque la Reli-

H 4

gion

gion est un Manteau qui couvre tout autant d'injustices, que la politique. L'on nous le fait bien voir aujourdhui, car quel autre nom donner aux persecutions que nous souffrons? Est il rien en comparaison de prendre une femme à un mari, & un mari à sa femme, d'ôter des enfans à un Pere, & à un mere, & mille choses semblables, que tout le monde sçait, & que tout le monde déteste en même temps. Ceux même qui nous haïssoient le plus, n'en font pas la petite bouche. Ils disent hautement, qu'ils n'auroient jamais cru qu'on auroit poussé la cruauté jusques à cet excés, & defait ne nous traite-t-on pas comme on peut faire les plus cruels ennemis. On arme les païsans contre nous, & pour leur donner la hardiesse de nous arrêter sur les Frontieres, on leur promet non seulement nos de-

poüil-

poüilles, mais encore une certaine recompenfe. Aprés cela que
ne font il pas capables de faire, & à
quoi ne fommes nous pas expofés.
Mais je dirai pourtant que
les Miniftres aiant en vûë de
longue main de nous perfecuter,
ils ont eû la politique de s'affurer
d'un fecours infaillible. Ils pré-
voioient que les païfans, dont je
viens de parler, feroient touchés
comme les autres de compaffion à
la vuë de nos miferes. Pour
empêcher que cela ne fût, ils les
ont reduits eux mêmes dans une
extremité, que je dirois comparable à la nôtre, fi ce n'eft qu'on
ne tiranife pas leurs confciences.
Ils ont fouffert prefque la même
chofe que nous, des logemens
de gens de guerre, ils paient
d'ailleurs des impôts effroiables,
ce qui les reduit, eux & leurs familles dans une neceffité effroiable. Que faut il conclurre de la,

 rien

rien autre chofe ? Sinon, que la
Cour fçait bien ce qu'elle fait ;
comme elle a preveû que nos malheurs étoient capables de toucher
jufques à des Barbares, elle a
fufcité un peuple contre nous,
qui eft obligé d'être pire que tout
ce que je pourois dire. La faim
chaffe ces Loups hors du bois, ils.
fçavent que nous emportons avec
nous tout ce que chacun à pû
d'un fi grand débris, cela les rend
hardis malgré leur naturel. Ils.
viennent aprés nous, comme
aprés des bêtes fauvages, ils hur-
lent, ils menacent, fi nous nous
arrêtons crainte de la mort, qu'il
nous prefentent au bout de leurs
armes, ils commençent à jouïr
des promeffes qu'on leur à faites
en nous depoüillant nus comme
la main ; fi nous paffons outre, ils
tirent fur nous, & enfin de quelque côté que nous nous tournions, nôtre fort eft fi deplorable

ble qu'il n'y a point de malheureux, qui ſoient plus à plaindre
que nous.

Cependant s'il m'eſt permis de
faire quelque reflexion ſur cette
politique, je demanderois volontiers à ceux qui conſeillent ces
violences au Roi, ce qu'ils en eſ-
perent. Car enfin s'ils nous obligent à aller à la Meſſe malgré que
nous en aions, peuvent ils croire
de bonne foi que nous oublions
jamais ce procedé. N'en ai-je pas
dit ci-devant les inconveniens,
& s'il faut y ajoûter encore quelque choſe, qu'ils faſſent reflexion
ſur le Portugal. Ce Roiaume
étant rempli de Juifs, on con-
ſeilla au Roi de Portugal de les
obliger à changer de Religion, ſe
fondant peut-être ſur la même
maxime qu'on ſe fonde aujourdhui en France; ſçavoir que s'ils ne
le faiſoient pas de bonne foi, toû-
iours arriveroit-il que leurs en-
H 6   fans

fans étant éevés dans la Religion
Romaine , le Judaïfme feroit
bientôt banni du Roiaume. Le
Roi de Portugal aiant goûté cette
propofition, fit une Ordonnan-
ce, par la quelle tous ceux qui
faifoient profeffion de cette Religion, feroient obligés de l'abju-
rer dans un certain temps, à faute dequoi ils vuideroient du Ro-
jaume, fans pouvoir difpofer de
leurs effets. Le temps venu, la
plûpart fe prefenterent fur les
ports, qu'on leur avoit indiqués en
cas de refus. Mais il ne s'y trouva
point de vaiffeau, & comme le
deffein du Roi de Portugal n'étoit
pas qu'ils s'en allaffent, il fit un
autre Edit par lequel il leur étoit
enjoint de changer abfolument,
à faute dequoi ils feroient brûlés
tout vifs. Cet Edit s'executa au
pied de la lettre, à l'égard de
plufieurs, ce qui fit tant de peur
aux autres, qu'ils firent ce que le
Roi

Roi de Portugal vouloit. Mais il en arriva juſtement ce que j'ai remarqué tantôt qui arrivera en France, ces Juifs ne changérent de Religion qu'en apparence, ſi bien qu'il n'y a point de lieu au monde, ou il y en ait davantage, nonobſtant toutes les precautions qu'on a pû prendre. Ceux qui changerent ainſi éleverent leurs enfans dans leur veritable crean- ce, ceux-ci en ont fait de même, & ainſi de generation en genera- tion, tellement que le Roiaume en eſt plus rempli que jamais. Une marque de ce que je viens de dire, c'eſt que nous voions que la plû- part des Portugais, qui ſortent de leur païs, embraſſent auſſi tôt le Judaïſme; combien il y en a-t-il à Amſterdam auſſi bien qu'ail- leurs? Mais je cite plutôt cette Ville là qu'une autre, parce que nous y ſommes tout portés, pour en reconnoître la verité.

H 7

Que

Que peuvent efperer autre chofe, comme j'ai déja dit, ceux qui ont donné un fi méchant confeil au Roi. La Religion ne fe plante pas par force dans le cœur de l'homme, & il n'appartient qu'à Dieu de faire ce miracle. S'ils avoient fi bonne opinion de la leur, ne pouvoient ils pas s'y prendre d'une autre maniere; mais de faire que fous le régne d'un Roi fi glorieux, on ne voie, pour ainfi dire, que boureaux, & que potences, C'eft en vouloir ternir tout le luftre. Croit on de bonne foi, qu'aprés toutes les violences qu'on exerce, on puiffe jamais aimer le Roi ? Si on lui avoit fait dire fimplement qu'il vouloit qu'on fortît de fon Roiaume, ou qu'on changeât de Religion; on auroit du moins emporté avec foi l'amour qu'on avoit pour lui : tant de grandes qualités feroient revenuës à tous

mo-

momens dans la memoire : on auroit même pris foin de le jufti-fier dans fon efprit, foit en re-jettant les chofes fur les Miniftres, ou entrant en quelque façon dans fa politique. Cela ne pouvoit produire que de bons effets, & je fuis feur que les honêtes gens auroient du moins penfé deux fois avant que de s'engager dans un parti contraire. Mais de lui faire faire, à l'exemple du Roi de Portugal, un premier Edit qui eft renverfé auffi-tôt par un au-tre qui nous foudroie, c'eft à quoi ceux qui l'aiment le plus, ne fçauroient jamais trouver d'excufe. Cependant il ne fe contente pas de cela: les derniers Edits s'executent à la derniere rigueur ; on enleve les femmes aux maris, les maris aux fem-mes, les enfans aux peres, & aux meres, les maifons font rafées, les bois abatus, garnifon par

tout

tout, enfin defolation épouvan-
table de quelque côté qu'on fe
tourne. Que refte-t-il, je vous
prie, aprés cela, finon de con-
damner au feu, comme on fit autrefois en Portugal ?

Mais en verité croit-on comme j'ai déja dit que ces traitemens
s'oublient. Quand un homme
auroit fi peu de fentiment de fa
Religion, que par fucceffion de
temps il ne fe fouciât pas de laquelle il fût, oublieroit il toûjours que l'on à rempli fa Maifon
de gens de guerre, qu'on a man-
gé la meilleure partie de fon bien,
qu'on lui a fait divers autres traitemens tout auffi épouvantables,
& qu'en un mot on ne s'y feroit
gueres pris d'une autre maniere,
quand il auroit été criminel de le-
ze Majefté. Or fi de pareilles
chofes ne s'oublient point, qu'eft-
ce que cela eft capable de produire en temps & lieu ? Voilà les
maux

maux qui font pour l'avenir,
mais il y en a de prefens , car enfin, quelque précaution que l'on
ait prife, il eft forti déja du Roiaume une infinité de monde. On
tâche de faire accroire au Roi que
ce ne font que des miferables ; &
que les honêtes gens font reftés,
mais ce Prince fçait bien ce qu'il
en doit croire.   Il connoit par
nom, & par furnom, quantité
d'Officiers de fes troupes qui ne
fe trouvent plus, & il apprend
tous les jours, qu'ils ont paffé
dans les païs étrangers.   Quel
crevecœur pour lui, lui qui connoît les fervices qu'ils lui ont rendus, & ceux qu'ils étoient encore capables de lui rendre ? Encore fi c'étoit un Roi qui n'eût
jamais été lui même à la tête de
fes troupes, on lui feroit accroi-
ré tout ce qu'on voudroit ; mais
ne fçait il pas bien le merite de
chacun, & c'eft ce qui lui doit
donner plus de peine.   Ce-

Cependant ce qui lui en doit
faire d'avantage à mon gré, c'est
qu'il ne peut s'empêcher de faire
reflexion à une chose qui lui fait
connoître que le conseil qu'on lui
a donné est tout-à-fait mauvais.
Et de fait tout le pretexte qu'on
peut avoir pris ne sçauroit être
que la crainte, qu'on a lui inspi-
rée, que nous étions capables de
conspirer un jour contre lui. Or
ce qui le doit détromper d'avantage, c'est ce que nous faisons aujourdhui. Nous ne sommes attachés à nôtre Religion, que parce que nous craignons Dieu, &
ceux qui sont assés heureux de le
craindre, sont incapables de conspirer contre leur Prince. Cela est
bon à des gens qui n'ont point de
Religion, & qui sont tels qu'on
en voit beaucoup dans le siecle ou
nous sommes. Par exemple, s'il
m'est permis de nommer quelqu'un, je vais nommer un grand
corps,

corps, mais sans crainte de passer
pour médisant , puis qu'il s'est
déclaré hautement là-dessus. Je
veux parler du Clergé & je ren-
voie chacun à la Lettre ; dont
j'ai fait mention ci-dessus. On y
trouvera des traits qu'on devoit
attendre plutôt de Carabins, que
d'Evêques , d'Evêques , disje ,
qui sont obligés de reconnoître la
puissance du Pape en toutes choses, bien loin de le menacer de
s'en soûtraire , comme ils font ,
par cette Lettre. Mais c'est qu'il
n'a pas tant de bonnes Abbaies à
leur donner , que peut avoir le
Roi, & voilà la cause pour laquelle ils l'abandonnent.

Cependant si l'on doit faire
quelque sorte de reflexion là-dessus, n'est-ce pas de ces gens là ,
qu'on peut dire que la perte ne
seroit pas grande, quand ils sor-
tiroient du Roiaume. Car s'ils
sont capables d'abandonner le Pape ,

pe, comme ils font, ne le feroient
ils pas d'abandonner le Roi. Si
l'occasion s'en presentoit. Ils
n'auroient garde de quiter leurs
revenus, comme nous faisons les
nôtres, si on venoit à les persecuter: ils en font un usage la plupart qui leur touche trop au cœur
pour faire un pas comme celui là,
je n'ai garde de specifier les choses
par le détail, quoi que j'en sois
instruit à fonds pour le pouvoir
faire, mon dessein n'est pas de
donner du scandale à personne,
mais bien de faire voir la difference qu'il y a entre des gens qui
nous persecutent, & nous. Je
dirai seulement, en passant, que
l'Histoire remarque, qu'une des
choses qui donna le plus de scandale dans le temps de la reforma-
tion, & c'est un Historien de la
Religion Romaine qui le dit,
fut de voir dans un même temps
quarante Evêques à la Cour, au
lieu

lieu d'être dans leurs Evêchés.
Mais qu'on me die aujourdhui, si
ce n'est pas la même chose ? qu'il
y en a peu qui ressemblent à Mr.
le Camus Evêque de Grenoble
(car enfin je sçais rendre justice à
la vertu, dans quelque Religion
qu'elle se trouve.) Or celui-ci
aiant été nommé à l'Evêché qu'il
a presentement, la premiere chose
qu'il fit, en remerciant le Roi,
fut de prendre congé de lui pour
toute sa vie. Le Roi tout sur-
pris lui en demanda la raison, à
quoi il fit réponse qu'il croioit,
qu'un Evêque étoit obligé sous
peine de peché mortel, de résider
dans son Evêché. Si tous les autres Evêques étoient de ce sentiment, on n'auroit pas veu tant
de brigues depuis quelques années contre nous ; mais tout de
même que le Roi par une politique adroite, & rafinée, nous a le
plus persecutés dans le temps
qu'il

qu'il avoit des demêlés avec le Pape, ainsi les Evêques ont pris à tâche de nous ruïner, lors qu'il y avoit le plus de choses à dire à leur conduite. Si je faisois bien, je laisserois à deviner ce que cela signifie, mais comme j'apprehende que tout le monde n'en tire pas les consequences necessaires, je veux dire que la plûpart de ces Evêques ont voulu couvrir quantité de choses, qu'ils avoient peur qui éclatassent aux yeux du Roi, du voile de la Religion. Je crois qu'ils n'en ont pas été mieux cachés pour cela, mais enfin ils l'ont crû, & voila ce qui a fait une partie de nos malheurs. Je sçais bien cependant, que tous tant qu'ils sont, ils n'étoient pas capables de porter le dernier coup à nôtre ruïne, si une plus grande puissance ne s'en fut mêlée. J'en ay expliqué la raison, c'est pourquoi je ne suis pas résolu de

la

la recommençer. Il vaut mieux en continüant de parler de la fauſ-ſe politique qu'on a eûë en cela, dire que tout de même qu'au bout d'un grand nombre d'années, l'on voit les Portugais ſortir de leurs païs, pour aller profeſſer le Judaïſme chez les Nations étran-geres, ainſi l'on verra les Fran-çois paſſer un jour d'un Roiaume, dans un autre, pour ſortir de l'eſclavage, ou on les veut aſſu-jetir. Si ce n'eſt pas eux, ce ſe-ront leurs enfans, quoi qu'ils les élevent en apparence dans la Re-ligion Romaine, ne leur diront ils pas à l'oreille, comme j'ay déja dit, que ce n'eſt pas celle-là qü'ils croient la meilleure ? Ne leur apprendront ils pas en même temps qu'on les a obligés à faire ce qu'ils ont fait, le poignard à la main. De quelle force eſt un tel diſcours, venant de la bouche d'un Pere, & quand il paſſeroit

qua-

quatre generations (ce qui neanmoins vraifemblablement eſt impoſſible) cela n'aura-t-il pas ſon effet. Mais ce qui eſt le plus capable de produire de grandes révolutions, c'eſt quand ces enfans ſçauront les violences qui ont été faites à leurs Peres, pour les obliger à cette ſeinte profeſſion de foi. Les garniſons qu'ils ont été obligés d'endurer, la ruïne de leurs bois, la demolition de leurs Chateaux, & enfin tout ce qui ſe paſſe aujourdhui. Le moins qui en puiſſe arriver au Roi, aprés tout cela, eſt que chacun deſerte tôt au tard de ſon Roiaume, cependant cela peut-il arriver ſans que le reſte s'en reſſente. Les Reformés n'avoient ils pas commerce avec chacun, & eux s'en allant, ou ſont les comptes qui leur faut faire. S'ils doivent quelque choſe, comme cela eſt impoſſible autrement à des

gens

gens qui font dans les affaires, ou dans la marchandife, ou eft la feureté de leurs creanciers. Des gens qui font obligés de s'en aller de la maniere que nous nous en allons, ne fongent gueres à leurs debtes, quelque delicateffe qu'ils puiffent avoir. Outre cela la plûpart croient leur confcience en feureté, laiffant des fonds fuffifans pour fatisfaire à ce qu'ils peuvent devoir. Cependant comme le Roi s'empare de tout, n'eft-ce pas ruïner une infinité de gens, qui en ruïnent de leur côté une infinité d'autres, étant obligés aprés cela de faire banqueroute eux mêmes.

Si je paffe des gens d'affaires, & des marchands, aux Gentils-hommes, l'on verra le même defordre. Tous ceux de qui ils ont emprunté de l'argent, font accufés de n'avoir fait que prêter leur nom, pour mettre leur

I

bien

bien à couvert. On diſpute leurs contracts & leurs obligations, quoi qu'en bonne forme, comme ſi c'étoient autant de fauſſetés. Enfin comme les creanciers ont pour partie la puiſſance ſouveraine, non ſeulement ils gemiſſent ſous l'oppreſſion, mais encore une bonne partie du Roiaume avec eux, laquelle s'y trouue intereſſée par l'enchaînement que tous les particuliers ont les uns avec les autres. On prevoioit bien tout cela, ou du moins il n'étoit pas bien dificile de le prevoir ; mais enfin l'ambition & l'interêt l'ont emporté par-deſſus toute ſorte de conſideration. On vouloit obliger le Pape à quelque prix que ce fût. S'y pouvoit on prendre mieux ? On vouloit de même que la paix durât, afin d'avoir plus de moien de faire ſes affaires, on craignoit que le Roi n'ouvrît enfin les yeux ſur ſes inteterêts, & que puifque l'Empire n'a plus rien à craindre du Turc, il ne fût plus retenu par les confiderations qui l'ont arrêté jufques ici. Or n'eft-ce pas là encore le moien de l'arrêter. Et defait, comme j'ai déja remarqué, le Roi ne s'eft il pas lié les mains lui même? Ofera-t-il rien entreprendre au dehors, pendant qu'au dedans les uns font fi maltraités, & les autres fi mécontens? ouy je ne feindrai point de le dire encore une fois, que le refte de la Flandres foit deformais en repos, le Roi ne paffera pas outre. Toutes fes conquêtes font bornées maintenant, par la faute que fes Miniftres ont faite. Quelle conduite dans le temps que toutes chofes rioient plus que jamais. Le changement de Religion du Roi d'Angleterre ne promettoit il pas la Monarchie univerfelle au Roi. Il n'étoit plus neceffaire

 d'un

d'un Duc de Montmouth pour lui disputer la Couronne, au contraire l'on pouvoit craindre que ce Duc vivant la fortune ne se declarât pour lui, & qu'étant monté sur le trône, il ne reünît si bien tout le Roiaume, qui avoit de l'estime, & de l'amitié pour sa personne, qu'il ne se rendît formidable aux autres puissances. Graces à la destinée, le Roi étoit hors de cette crainte, ce Duc avoit succombé sous la puissance du Roi d'Angleterre, & le Roiaume étoit tellement partagé, à cause du changement de Religion de ce Monarque, que presque tous ses sujets étoient, pour ainsi dire, des Ducs de Montmouth, pour lui. Personne, à la verité n'a de prétention au trône, mais ce Prince est devenu tellement suspect à tout le monde, qu'il n'y a personne qui n'éclaire ses actions. Je ne dirai point par qui l'on l'on croit que tous ces refforts fe joüent, quand tout ce que l'on fuppofe feroit vrai, ceux que l'on en accufe, n'en feroient que mieux. Il eft d'un grand Roi de fçavoir régner, & c'eft donner des marques qu'on le fçait faire, quand on fçait divifer fes ennemis ou ceux qui peuvent être fufpects. Ce n'eft donc point à cela, que je trouve à redire, c'étoit au Roi d'Angleterre à connoître fes interêts, mais je fuis furpris que les chofes étant fur un fi bon pied, on fe foit privé par une feule action de recueillir le fruit d'une politique fi belle, & fi rafinée. Cependant cela arrive dans un temps ou il étoit befoin plus que jamais de fe faire craindre. Les conquêtes continüelles de l'Empereur fur les infideles prefagent une révolution dans les affaires du Roi qu'il falloit prévenir. Il falloit faire une diverfion en fa-

veur

veur du Turc qui empêchât la Hongrie de revenir fous l'obeïffance de fa Majefté Imperiale. J'avouë que cela ne s'accorde peut-être pas bien avec les deffeins du Roi, & qu'aprés la moderation qu'il à eûë fur ce fujet, c'eût été perdre une partie de la gloire que cette action lui a aquife : mais enfin la politique le vouloit, & de plufil s'en prefentoit un pretexte fpecieux, fçavoir les prétenfions de la Ducheffe d'Orleans fur une partie du Palatinat. Car aprés tout qu'auroit on eû à dire ? Qui eft l'homme affés injufte, qui eût voulu que le Roi eût abandonné fa Belle-fœur, & parce que l'Empire a guerre contre le Turc, eft-ce-à-dire qu'il faille ceder fon bien à un autre. Quand je parle ainfi je ne prétens pas dire que la queftion foit fi claire, que ce foit le bien de la Ducheffe d'Orleans. Ce que j'en

fais ,

fais, n'eſt qu'une maniere de parler, & à Dieu ne plaiſe que je veuille decider d'une affaire de ſi grande importance. Je prétens ſeulement repreſenter par là l'avantage qu'on pouvoit tirer de cette querelle, mais on s'eſt mis, comme je viens de dire, dans l'impuiſſance d'en recueïllir le fruit. Les Miniſtres pouſſés de leur ambition particuliere, ont remis l'affaire au Pape, & ils ſe ſont flattés que le Roi auroit d'autant plus de ſujet de ſe loüer de ſon arrêt, que le Pape eſt content de ce qui vient de ſe paſſer. Mais en même temps que nous remarquons par quel eſprit ſe font toutes ces démarches, remarquons auſſi le procedé de l'Empereur. Ce Prince, quoi qu'au dire de tout le monde, il ne ſoit pas ſi penetrant que beaucoup d'autres, ne voit pas plutôt le nombre d'ennemis que le Roi s'eſt fait dans

I 4

fon

fon Roiaume, que nonobſtant
toutes les affaires qu'il a ſur les
bras, il empêche l'Electeur Palatin de prendre le Pape pour ſon
Arbitre. Au lieu d'être bien aiſe
de terminer les choſes par la douceur, il ne cherche que ſujet de
querelle, il veut, dit-il, que le
Prince Palatin n'ait point d'autre
Arbitre que luy, & il ſe fonde
ſur un Droit qu'il prétend avoir
d'être le Juge naturel de tous les
differens qui ſurviennent dans
l'Empire, comme ſi la quálité
qu'il a de gendre de la partie ſans
parler encore d'une autre Alliance que le fils de l'Electeur a avec
lui, ne l'excluoit pas à bon til-
tre de ſes prétentions. J'avoüe
s'il veut, que c'eſt à lui qu'appartient de Droit la connoiſſance
de toutes ces ſortes de differens:
j'avoüe encore qu'on ne ſçauroit
être trop jaloux de ce qui nous eſt
dû, mais enfin ne voions nous pas,
que

que quand un Juge eſt parent
d'une des parties, il n'eſt pas beſoin de le recuſer, & qu'il à coutume de ſe recuſer ſoi-même.

C'eſt donc par un eſprit de
chicane, que l'Empereur qu'on
publie d'ailleurs en toutes choſes
ſi amateur de la juſtice, ſe dément
aujourdhui d'une vertu qu'il a
pratiquée durant toute ſa vie.
D'ou vient cela? de ce qu'il ne
croit pas la cauſe de ſon Beau-pe-
re bonne, & qu'il a peur que le
Pape ne prononce en faveur de la
Ducheſſe d'Orleans. D'ou vient
cela encore, de ce que le Roi, qui
étoit le Prince le plus redouté de
toute l'Europe, comme en effet
il étoit le plus puiſſant, eſt maintenant ſi fort décheu de ſa reputation, qu'il n'eſt plus, pour ainſi
dire reconnoiſſable. L'Empereur
ne craint plus qu'aiant tant de
ſujets de défiance au dedans, il
oſe ſe faire faire raiſon par la voie

 des

des armes. L'on voit bien que c'est là l'esprit de ce Prince, & cette confiance l'assure tellement qu'il ne se soucie pas de se broüiller avec ses meilleurs amis. Il a les dernieres obligations au Pape, & il ne sçauroit le nier, puisque c'est une chose qui a éclaté aux yeux de toute l'Europe. comment auroit-il fait sans lui, depuis qu'il a la guerre? N'est-ce pas lui qui l'a secouru non seulement d'argent, mais qui a encore excité les Princes Chrêtiens à ne le pas abandonner dans une occasion si pressante. Cependant au prejudice de toutes ces obligations, il ne veut point de lui pour Juge dans la cause de son Beaupere. Ce n'est pas que son integrité lui soit suspecte, au contraire il est pleinement persuadé, qu'elle ne sçauroit être plus grande, mais il cherche un pretexte de rompre la Tréve. Il sçait l'a-
vanta-

vantage qu'il y trouvera préfen-
tement, que le Roi s'eft mis tant
d'affaires fur les bras. Cela lui fait
paffer par-deffus toutes fortes de
confiderations, le Duc de Lorraine de fon côté, qui ne voit
que cette occafion pour recouvrer fes Etats, ne ceffe de l'ani-
mer contre le Roi. Quel changement, perfonne n'ofoit, pour
ainfi dire, regarder le Roi en face il n'y a que trois ou quatre
mois, & aujourdhui tout le monde ofe fe declarer contre lui. Un
fimple Electeur, qui trembloit
au nom d'un fi grand Monarque,
parle à fon Envoié, comme s'il
étoit fon égal. Mais que dis-je ?
Il lui parle plutôt en maître, &
cet Envoié, qui voit que l'honneur du Roi devient en compromis, eft obligé de partir fans dire
à Dieu. En verité quand je penfe
à cela, je ne puis que je ne die
que nôtre malheur eft du moins

 bon

bon à quelque chofe, puis qu'il
rend l'affurance aux Princes qui
n'ofoient prefque pas lever les
yeux. Qu'on ne me die donc
point que le Roi gouverne aujourdhui toute l'Europe de fon
Cabinet ; fon Cabinet eft renverfé depuis nôtre perfecution,
& pour peu qu'il veüille faire reflexion à fes interêts , je crois
qu'il n'eft pas à s'en appercevoir.
S'il vouloit entreprendre une
chofe comme celle-là, cela é-
toit bon dans un autre temps, &
c'eft en quoi fes Miniftres ont fait
une lourde faute. Si nôtre perte
étoit un coup d'Etat, comme fans
doute ils ont voulu perfuader au
Roi, que n'y travailloient ils dans
le temps que Vienne étoit affie-
gé ; le Roi n'auroit eû rien à
craindre du côté de l'Empire, &
même il eft évident, que comme
nous n'aurions point eû d'efperance de ce côté là, nous en aurions

rions été plus prêts à ſubir le joug qu'on nous preſente. Car enfin quoi que tous les ſecours du monde ne faſſent rien au fonds de l'af-faire, ne peut on pas ſe flatter qu'on ſuſcitera tant d'ennemis au Roi, qu'il ſera obligé de faire un Edit, par lequel il annullera tous ceux qui viennent de paroî-tre. Peut-être que j'avance là une choſe ou il y a bien peu d'ap-parence, & je ſçai même qu'il y a mille raiſons qui obligent, quand on a fait un pas comme celui là, à ne s'en jamais démentir. Ce-pendant il peut arriver de telles révolutions qu'un Prince ſe trou-ve bien embaraſſé, & c'eſt alors qu'il fait, ce qu'il ne croioit ja-mais faire. Il s'excuſe, s'il m'eſt permis de me ſervir de ces termes, ſur ce qu'on lui à fait entendre les choſes autrement qu'elles n'é-toient, & afin qu'on croie, que ce qu'il dit eſt vrai, ſa diſ-

 grace

grace tombe d'ordinaire fur les Autheurs d'un méchant Confeil, non pas qu'ils le croient tel bien fouvent, mais parce qu'il n'a pas réüffi. Ainfi la plûpart des Mi-niftres demeurent garants des chofes qu'ils propofent, & leur difgrace eft prefque infaillible tôt ou tard, quand ce ne feroit que pour apaifer ceux qu'ils ont fait foulever par leur fauffe politique.

Voilà un tableau en racourci des efperances qui nous peuvent foûtenir dans nos miferes. Sur-quoi il eft vraifemblable de dire, comme j'ai déja fait, que c'a été une grande imprudence aux Mi-niftres de prendre un temps com-me celui-ci pour nous pouffer. Ils voioient l'Empereur triom-phant des infideles, ceux-ci con-fternés d'une façon, que ne fça-chant à qui s'en prendre de tant de malheureux évenemens, ils avoient déja fait étrangler deux

de leurs Generaux ? Que pouvoient ils croire de tout cela, finon ce qui fe trame aujourdhui,
c'eſt-à dire une paix entre les
deux Empires. Or ſi cela arrive , je ne crois pas qu'ils
ſoient aſſés dépourvûs de jugement, pour croire que l'Empereur voie ce qui fe paſſe, ſans en
vouloir profiter, quoi qu'il y ait
une Tréve entre le Roi & lui.
Qui l'empêchera de la rompre,
lui à qui des pretextes ne peuvent
manquer , mais des pretextes
plauſibles, & ou peu de gens
peuvent trouver à redire. Je ſçais
bien que le Roi s'aſſure ſur le Roi
de Pologne, qui eſt de fes amis,
je ſçai , disje, qu'il prétend par
le moien de ce Prince traverſer
toutes les propoſitions de paix
que le Grand Seigneur poura faire. Je ſçai plus, je ſçais encore, que les obligations que l'Empereur a à ce Prince, le rendent
fort

fort circonſpect à ne rien faire que de concert avec lui ; mais enfin pour en avoir été ſecourû dans ſon beſoin, manquera-t-il une occaſion qui ne ſe recouvrera jamais. On a beau dire, il n'eſt rien tel, que de faire les choſes, quand toutes les diſpoſitions ſe rencontrent pour un heureux ſuccés. J'avouë bien que nous conſerverons éternellement le ſouvenir de ce qui nous eſt arrivé, mais enfin il ne faut point douter qu'on ne cherche toûjours de plus en plus le moien de nous accabler. Combien d'enfans ſeront ravis à leurs Peres, à qui ces Peres ne pouront jamais remon-trer leur devoir ? Combien de filles pourvuës dans des maiſons de contraire Religion, & par conſequent ſuſceptibles des premieres impreſſions qu'on leur donnera ? Enfin combien d'in-conveniens peuvent naître de ce

re-

retardement, & comme il n’eſt pas dificile de penetrer toutes ces choſes, ne peut-on pas dire que c’eſt un aiguillon à tous les Princes pour declarer la guerre au Roi?

Ce n’eſt donc pas ſans raiſon que j’ai dit que les Miniſtres ont mal pris leur temps pour nous perſecuter, mais ils ont eû leurs raiſons pour ne le pas faire plutôt, & j’en trouve deux principales, les quelles ſe rapportent à ce que j’ai remarqué ci-devant. La premiere eſt qu’ils ne fuioient pas la guerre, comme ils font aujourd-hui, au contraire leur interêt particulier les portoit à faire tout entreprendre au Roi contre les étrangers. Ainſi ils n’avoient garde de lui ſuſciter des ennemis au dedans. Etrange choſe, qu’il faille qu’un Roiaume ſi floriſſant ait veû arrêter le cours de ſa bonne fortune par la paſſion de cer-
tai-

taines gens, que je nommerois
bien, mais qu'il suffit de desig-
ner, comme je fais, m'imaginant
qu'il n'y a personne qui n'entende qui je veux dire. Cependant,
s'il m'est permis de faire reflexion
sur nôtre destinée qui eût jamais
crû que nôtre parti fût obligé de
regreter un jour Mr. Colbert,
lui qui pendant son ministere,
nous avoit été tellement opposé
en toutes choses, que nous croy-
ions n'avoir point de plus mortel
ennemi. Et de fait il nous a toûjours fait du pis qu'il a pû; mais s'il
eût vecû plus long-temps, nous
verrions la guerre fortement allu-
mée contre les Etrangers, & nous
par consequent en repos, au lieu
que sa mort aiant fait cesser la jalousie, qu'on pouvoit avoir de
ce qu'il partageoit les bonnes graces du Roi, on n'a plus songé
qu'à jouïr en repos d'une faveur
que personne n'osoit plus disputer

ter aprés lui. On a crû que ce feroit une imprudence d'expofer
d'avantage fa fortune à l'incerti-
tude de la guerre , ainfi de peur
d'être refpõfable des malheureux
évenemens, on à privé l'Etat des
bons, qui moralement parlant é-
toient indubitables. Voilà la caufe
de nos difgraces, parce que dans ce
temps de repos, l'ambition de ces
perfonnes allant toûjours en aug-
mentant , ils ont confideré que
rien ne leur manquoit plus que la
pourpre , & voilà le point fatal
qui nous accable aujourdhui.
Mais je ne prens pas garde , que
pour me laiffer emporter à ma
douleur , je faute tellement de
difcours, en difcours qu'a la fin on
pouroit croire que je ne fçaurois
plus ou jen fuis , & defait j'avois
dit ci-devant qu'il y avoit deux
raifons, qui avoient empêché de
nous perfecuter plutôt, & cependant je n'en-ay rapporté
qu'u-

qu'une : paſſons donc à la ſecon-
de, & faiſons connoître que je
ſçai encore ce que je dis.

Il n'y a perſonne qui n'ait un
but en faiſant quelque choſe, les
Miniſtres ſur tout n'y manquent
jamais, & quoi qu'ils mettent
toûjours en avant l'honneur &
l'avantage du Roi ; qui examinera bien leur conduite, trouvera
que leur interêt y a la meilleure
part. Il m'eſt aiſé de prouver
cette verité, ſans remonter bien
avant, & méme ſans ſortir de
nôtre Cour. Il n'y a que trois ou
quatre ans, que les deux Miniſtres vouloient l'un la paix, l'autre
la guerre, je n'ai que faire d'en
dire la raiſon, cela ſeroit ſuperflu, & on le ſçait aſſés ſans que je
broüille du papier en raiſonne-
mens inutiles. La concluſion que
je tire de là, eſt que le même eſprit régnant toûjours, c'eſt-à-
dire ceux qui gouvernent au-
jourd-

jourdhui, aiant toûjours en vuë leur avancement, ils n'ont eû garde de propofer plutôt au Roi nôtre deftruction , parce que quoi que la chofe eût dû être tout auffi agreable au Pape en ce temps là , qu'en celui-ci, ce qui fe paffoit alors leur eût empêché d'en recüillir le fruit. C'étoit en ce temps là que les affaires de la Regale s'agitoient avec tant de vehemence de part & d'autre , & quoi que cela ne fût pas tout-à-fait du gibier des Miniftres, toutesfois comme on fçait que le Roi les confulte fur toutes chofes, ils avoient lieu de croire que le Pape ne les favoriferoit pas d'un Chapeau , dans un temps ou il avoit tant de lieu de n'être pas content de ce qui fe paffoit. Il a donc fallu regaigner fon efprit par de profondes foumiffions, & par des fervices importans. C'eft-ce qu'on a fait en toutes rencontres,

foit

ſoit en mettant les armes bas,
lorsque le Roi pouvoit tirer tant
d'avantage de ſes forces , ſoit en
interompant le traité de Mantoüe
qui étoit en ſi bon train , ſoit
en le rendant Arbitre des differens
que nous avions avec l'Eſpagne ,
& avec l'Electeur Palatin , &
enfin en travaillant , comme on
vient de faire à nôtre ruïne. Aprés
cela la pourpre peut elle leur
manquer , principalement aiant
affaire à un Pape ſi zelé pour la
Religion Catholique; dequoi je
ne le blâme pas cependant , puis
qu'étant le chef de cette Religion,
il ſe croit obligé de travailler à
ſon agrandiſſement. Mais il en
viendra peut-être quelque autre
aprés lui, qui ſera plus politique,
que zelé. Il verra comme j'ai dit
ci-devant, que s'il ſoufre qu'on
nous détruiſe, c'eſt le grand
chemin pour être détruit lui même aprés cela. j'ai expliqué tout
ce

ce miſtere aſſés clairement, ainſi je m'abſtiendrai d'en parler d'avantage, parce que je ne pourois rien dire que ce que j'ai dit ci-devant.

Quelle concluſion dois-je tirer de la, ſinon, que quelque éclairé que ſoit un Roi, un Miniſtre adroit le fait ſervir le plus ſouvent à ſes deſſeins. La politique eſt ſans comparaiſon comme l'écriture, à qui ſi l'on donne un mauvais tour, l'on ſe jette dans la voie de perdition, au lieu que ſi on l'explique ſelon la verité, on avance dans celle du ſalut. Pour faire l'application de ce que je dis ici, voions ce que le Roi peut gaigner en faiſant ce qu'il fait, ou ſi au contraire on ne lui fait pas mettre ſon Roiaume en danger. On lui fait accroire, qu'il ne ſera jamais abſolu, tant qu'il y aura deux Religions dans ſon Etat, que nous ſommes capables d'avoir

d'avoir intelligence avec les étrangers, & mille autres impoftures auffi groffieres, & auffi faciles à détruire que celles-ci. Pour répondre à la premiere, quelle puiffance veut on donc lui donner plus grande que celle qu'il a, & n'a-t-on point peur d'allarmer tous les ordres du Roiaume par de pareils difcours. A moins qu'on ne veuille introduire la puiffance Ottomane, je ne fçache point de Prince qui foit plus abfolu que lui. La Nobleffe dont l'authorité étoit autresfois fi reverée, n'eft pas reconnoiffable depuis qu'il eft monté fur le trône. Ou font ces grands Seigneurs, qui n'avoient que faire de venir à la Cour pour fe faire confiderer, leur régne n'eft plus, & ils font fi petits aujourdhui, que fi on faifoit reflexion à leur changement on auroit de la peine à les reconnoître. On ne veut
plus

plus qu'ils demeurent dans les Provinces, de peur que conservant leur bien, ils ne s'exemptent des baſſeſſes que les Miniſtres exigent d'eux pour leur procurer quelques bienfaits. Si quelqu'un prend ce parti, il s'en repent auſſi-tôt, & l'on charge ſes terres de tailles, & de logemens de ſoldats. Qu'on le demande au Duc de Sully, il ſçaura bien qu'en dire; cependant ſi ſes ſervices ne ſont pas importans, ceux de ſes ayeux lui pouroîent faire eſperer quelque diſtinction, & tant du côté de Pere, que de Mere, il eſt petit fils de deux hommes qui ont admirablement bien ſervi l'Etat, l'un ſous le régne de Henri I V, l'autre ſous celui du Roi d'aujourdhui.

Au reſte, je voudrois bien qu'on me dît quelle plus grande authorité l'on veut que le Roi ait, & quand il demanderoit la tête

K

d'un

d’un homme, à l’exemple du Grand Seigneur, ne la lui donneroit-on pas incontinent. Je trouve même qu’il est bien plus absolu que lui, au lieu qu’il faut que le Grand Seigneur envoie des müets pour ôter la vie à quelqu’un, chacun ne s’empresse-t-il pas de la lui donner ? A-t-il la moindre guerre, une infinité de Noblesse court de tous côtés pour se sacrifier pour lui. Cela est bien different de ce qui se passe aujourdhui dans les autres Etats, & même dans ceux du Grand Seigneur, ou il faut qu’on envoie des gens exprés dans les Provinces, pour faire aller les hommes à la guerre. Ne dois-je pas conclure de là, que ceux qui conseillent au Roi de se rendre plus absolu, lui conseillent une mauvaise chose ? Que peut-il souhaiter davantage que l’amour de ses sujets, & ne lui doit-il pas

être

être plus agreable qu'on le vienne trouver de bon gré, que si l'on
y venoit par force. Voilà la conduite que la Nobleſſe a tenüe juſques ici, nous faiſons corps avec
elle, auſſi bien que ceux de la
Religion Romaine, & je ne penſe pas qu'on puiſſe dire que nous
aions jamais paru moins affectionnés, que les autres. Pourquoi donc lui conſeiller nôtre
ruine? Le Roi n'avoit il pas lieu
d'être ſatisfait de nôtre zele, &
de nos ſoumiſſions, & quand il
nous arriveroit de demander ce
qu'il prétend davantage, n'aurions nous pas lieu de le faire?

Voilà quelle étoit l'authorité
du Roi à l'égard de la Nobleſſe.
Si je m'arrête ſur celle qu'il a pareillement ſur les autres ordres du
Royaume, je verrai auſſi qu'il en
a tant, qu'il ſemble impoſſible
qu'il en ait davantage. Qu'on le
demande aux parlemens, ils ré-
         pon-

pondront qu'ils ne se connoiſſent plus, eux qui avoient été creés pour être Mediateurs des peuples envers les Rois, & qui cependant ont ſi peu de credit maintenant, que quand on renverſeroit tout le Roiaume, ils n'oſeroient pas ſouffler. Sur qui donc prétend on rendre le Roi plus abſolu, eſt-ce ſur le Clergé, ou ſur le peuple? A l'égard du premier j'ai déja fait voir quelle eſt ſa ſoumiſſion, & quelle va même juſques à ſe ſeparer du Pape, en cas qu'il en ſoit beſoin. Ainſi il n'y a point d'apparence, que ce ſoit lui, qui donne de la jalouſie. Qui ſera-ce donc, ſera-ce le peuple, lui qui eſt reduit dans une telle neceſſité, qu'il faudroit avoir l'ame d'un Tigre, pour n'être pas touché de ſes malheurs. & de fait je puis dire ſans exageration, que je ſuis d'une Province, ou la miſere régne tellement,

qu'a

qu'a moins que de mourir de faim, l'on ne sçauroit être plus miserable. Les païsans n'y mangent de la viande que les quatre bonnes Fêtes. de l'année, c'est-à-dire trois ou quatre fois l'an. Le reste du temps ils n'ont que du pain noir, & quelques legumes. Aussi sont ils faits d'une maniere, qu'ils feroient peur si l'on n'étoit accoutumé à les voir. Cependant ce n'est pas faute de prendre de la peine, ils travaillent depuis le matin jusques au soir, mais les besoins de l'Etat sont si grands, qu'il faut que chacun donne une partie de sa substance pour y subvenir. Je ne sçaurois parler ce me semble plus modestement de tous les impôts, quoi qu'il en soit ce n'est pas dans cette Province seule ou régne la necessité, elle est répanduë dans toutes les autres, & elle se fait même sentir jusques aux portes

K 3   de

de Paris. Mais que dis-je, elle paſſe encore plus avant, elle entre juſques dans cette grande Ville ; quoique le luxe y paroiſſe régner toûjours, comme de coutume, on ne ſçait pas ce qui ſe paſſe dans le particulier, les taxes, les ſuppreſſions de charges, le droit annüel, & mille autres inventions des partiſans, envoient tous les jours pluſieurs bonnes familles à l'Hoſpital. Enfin tout y languit, ſi l'on n'eſt dans les fermes du Roi, ou attâché aux Miniſtres. Cependant l'obeïſſance y régne, auſſi bien qu'a la campagne, non-obſtant le deſeſpoir univerſel. D'abord que le Roi parle, il eſt obeï ponctuellement. Que veut-on davantage, & eſt-ce lui donner un bon conſeil, que de vouloir qu'il ſoit plus abſolu ?

Peut-être qu'en repreſentant toutes ces choſes, quelquuun ne manquera pas de dire, que je bas
bien

bien du païs, & que ce n'eſt pas
de cela dont il s'agit maintenant.
Mais je lui répondrai, que ce
que je dis, n'eſt pas tant hors de
propos qu'il s'imagine. Premierement, en faiſant voir l'obeïſſance aveugle que chacun rendoit
au Roi, je ſuppoſe par là que c'eſt
l'avoir mal conſeillé, que de lui
propoſer une puiſſance plus ab-
ſoluë. Qu'on jette les yeux ſur
les Etats voiſins, ou verra-t-on
des peuples ſi ſoumis, ce ne ſont
que ſeditions partout ailleurs ſous
prétexte de conſerver ſes privileges. L'Angleterre nous fournit
à tous momens des preuves de
cette verité, il n'y a pas long-
temps que la Flandres a fait encore la même choſe, cela arrive
un peu plus rarement en Allemagne : mais enfin ce païs n'en
eſt pas plus exempt que les autres.
Si je parcours les autres Etats,
j'y verrai les mêmes deſordres ?

K 4

D'où

D'où vient cela, de ce qu'on fait des entreprises mal concertées, & bien souvent au delà de ses forces. Au reste ne puis-je pas dire la même chose de celle d'aujourdhui, & quelque puissance qu'ait le Roi, s'imagine t-il nous obliger de quiter une Religion, que nous avons succée avec le laict ? Cependant tout le portrait que je viens de faire des miseres de la France, n'est pas tant pour representer aux Ministres l'impossibilité de leur dessein, que les suites facheuses qu'il peut avoir. Qu'ils se mettent en tête que tous les ordres du Roiaume sont mécontens, & que s'ils se contiennent dans le devoir, c'est la crainte qui les y retient plutôt, que toute autre chose. Mais pourquoi leur dire cela puis qu'ils le sçavent aussi bien que moi. Ils sçavent de plus qu'ils ne sont pas aimés, & que la plus

gran-

grande joie qui pouroit arriver,
feroit de les voir tomber au plus
profond du precipice. Pourquoi
donc mettre leur fortune en compromis, auffi bien que l'honneur
du Roi ? Ne demeureront-ils pas
garants des évenemens, & s'il en
arrivoit quelqu'un, qui ne plût
pas au maître, ne feroit-ce pas un
prétexte pour les depoüiller de
leurs richeffes, qui furpaffent la
fortune de beaucoup de Souverains ? Je n'en dis pas davantage,
cela fuffit, mais tout ce que je
puis dire, c'eft que Dieu aveugle
quelquefois les gens, pour des
raifons que nous ne penetrôs pas.
les Etats ont léur periode, comme
toutes les autres chofes, & le nôtre étoit trop floriffant, pour pouvoir toûjours demeurer au même
état. Cependant cela verifie, ce
que d'habiles gens difent de nôtre
Monarchie, fçavoir qu'elle ne
fçauroit jamais fe détruire que par

K 5

elle

elle même. C'eſt en vain que
tant d'ennemis enſemble firent
leurs efforts, il y a huit ou dix
ans, pour nous accabler, c'eſt
en vain encore qu'ils feroient la
même choſe, ſi l'on n'avoit jetté
de la diviſion parmi nous. Nous
étions capables de reſiſter à toute
la terre, mais pourquoi aujourdhui eſpereroit-on ce miracle,
puiſque par une politiqne auſſi
fauſſe, que dangereuſe, on a ar-
mé les François contre les François! helas on n'a que faire de
lire l'Hiſtoire ancienne, pour
voir les étranges révolutions, qui
arriverent dans l'Empire le plus
floriſſant du monde. Nous n'a-
vons que faire d'aller dans la plai-
ne de Pharſale, pour voir combattre les amis contre les amis, le
Citoien contre le Citoien, &
ainſi du reſte. Nous allons voir
la même choſe en France, & toute la difference que j'y remarque,
c'eſt

c'eſt que l'on n'y combatra pas
pour une Couronne, mais pour
la Religion, au moins quant à
nous. Cependant il n'y aura que
les étrangers qui en profiteront,
& il faudroit qu'ils fuſſent bien
mal aviſés, s'ils ne faiſoient leurs
affaires. Croit-on de bonne foi,
que les mêmes choſes qui ont re-
tardé quelquesfois leurs deſſeins,
les retardent encore. Ce qui nous
a donné quelque avantage, a été
le bon ordre que nous avions par
deſſus eux. Qui les empêchera maintenant d'apprendre nos
manieres, eux avec qui on nous
oblige malgré nous de nous in-
corporer, mais d'une maniere
que nous ferons deſormais inſepa-
rables. Combien y en a-t-il
parmi nous ſans vanité, qui ſont
pour leur dire ce qu'ils ont affaire,
je ne parle pas à l'égard des batailles, car enfin ils ne ſont pas
tant denüés de Capitaines, que

K 6   l'on

l'on croit ; mais pour l'œcono-
mie de toutes choses, dont ils ont
plus besoin, que de tout le reste.

Et defait, qui considerera bien
d'ou nous sont venus tant davan-
tages, verra que nous en sommes
plus redevables à nôtre conduite,
qu'a nôtre bravoure. Le bon
ordre qui est établi pour les vivres, & pour la discipline de l'armée, est d'un plus grand secours
qu'on ne croit, & quoi qu'il y en
ait beaucoup, qui crient contre
les Intendans, il est certain tou-
tefois que c'est un établissement
si necessaire, qu'on ne s'en sçauroit passer : Or qui est-ce qui ne
connoît pas les principales fonc-
tions de leurs charges ? N'en
pouvons nous pas instruire les
étrangers, si tant est qu'il les ig-
norent encore, & en leur faisant
voir la necessité d'un pareil établissement, ne pouvons nous pas
commencer à reformer les choses,

ſes, qui leur ont apporté tant de préjudice par le paſſé. Ne pouvons nous pas encore leur donner des connoiſſances ſur les munitions, qui eſt un de leurs plus grands défauts, il ne faut pas avoir été dans les vivres pour cela, & pour peu qu'on ait d'intelligence, & de ſervice, c'eſt une routine plutôt, qu'une ſcience, de ſorte qu'il n'y a perſonne qui n'en ſoit capable. Je paſſe ſous ſilence beaucoup de choſes ſemblables. qui ont toûjours arrêté le progrés des étrangers, & je demanderois volontiers à ceux qui viennent de jetter la France dans le trouble ou elle eſt, ſi cet obſtacle levé, ils n'auront pas plus d'affaires ſur les bras, qu'ils n'en ſçauroient démêler vraiſemblablement. Car enfin ils ſçavent bien que ce n'eſt pas la bravoure qui manque à quantité de nos voiſins, nous nous ſommes

trou-

trouvés trop souvent l'épée à la main les uns contre les autres, pour en avoir cette opinion. Ils sçavent même, que nous avons été obligés de lâcher le pied aussi souvent, que nous le leur avons fait lâcher, sur tout en Allemagne, ou il ne s'est point donné de combat, que le champ de bataille n'ait été arrosé comme il faut de part & d'autre.

Si cela s'est passé de la sorte, dans le temps que toute la France étoit reünie en elle même, que fera-ce aujourdhui qu'on nous oblige malgré nous de nous mettre à la solde des étrangers. Car enfin pouvons nous faire autrement, nous qui sortons du Roiaume sans denier ni maille, & qui n'avons point de métier la plûpart pour subsister. Qu'on ne se fie donc point que nous sommes François, c'est-à-dire que nous aimons le Roi, & nôtre patrie

trie par deſſus toutes choſes, la
neceſſité oblige à ce qu'on ne
voudroit pas faire. Que ſera-ce
donc puis qu'il y a d'autres motifs
qui nous y engagent d'ailleurs,
mais des motifs ſi puiſſans, qu'ils
ont fait quiter à pluſieurs leurs
femmes & leurs enfans. Or je ne
penſe point que les liens qui nous
atâchent à nôtre Prince, ſoient
plus forts que ceux de la nature.
On retient les uns plutôt par politique, que par un veritable ata-
chement, & méme les gens les
mieux cenſés, ne croient pas que
le bonheur d'un Etat conſiſte dans
une ſi grande élevation du Souverain, un Prince qui ne trouve
rien d'impoſſible au dehors, veut
d'ordinaire que tout plié au dedans. Sa volonté eſt l'unique
loi qu'il faut ſuivre, ſans qu'il
penſe, que tout glorieux qu'il
eſt, il y a de certaines choſes, qu'il
ne ſçauroit faire, à moins que de
s'at-

s'attirer la haine publique. Le Roi à fait de grandes chofes, je l'avouë depuis fon avenement à la Couronne, mais je prie de confiderer, fi nous en avons été mieux, quand je parle ainfi de nous, ce n'eft pas des Reformés feuls que j'entens parler mais de la France toute entiere. Je me fouviens, qu'aprés la paix des Pirenées, lors que tout le monde s'attendoit à jouïr de quelque repos, ce furent de nouveaux Edits, furquoi quelquuun fe plaignant, on fit réponfe qu'il en étoit de la paix, comme d'un arbre, à qui il falloit du temps pour porter des fruits ; qu'on n'avoit qu'a fe donner patience, & qu'on verroit des effets de ce que l'on promettoit. Il fallut bien fe la donner, malgré qu'on en eût, mais quoiqu'il s'ecoulât fept, ou huit ans, devant qu'on eût de nouvelle guerre, au lieu que l'E-

tat en fût plus tranquile, il n'y eut
perſonne, de quelque condition
qu'il fût, qui ne ſouffrit directement, ou indirectement. Le
Clergé fut obligé de païer des
decimes extraordinaires, la Nobleſſe fut ruïnée ſous prétexte de
la recherche des faux Nobles, &
le peuple reduit en ſi grande extremité par une infinité d'impôts, qu'il ne s'en eſt pû relever.
Mais comment l'auroit-il pû faire
puiſque c'a toûjours été de pis en
pis? Quels maux n'a point fait la
chambre de Juſtice, elle dont on
ſe rejouïſſoit d'abord, croiant,
que n'étant établie, que pour
faire rendre gorge aux partiſans,
perſonne ne voudroit plus s'ex-
poſer à une inquiſition, qui pa-
roiſſoit ſi rude, & ſi affligeante.
Mais ſous prétexte des deniers
Roiaux, n'inventa-t-on pas encore cet Edit, qui établit l'ante-
riorité d'hypotheque en faveur
du

du Roi, d'ou s'enſuivit la ruïne de pluſieurs familles, & même des meilleures qu'il y eût dans Paris, & dans le Roiaume. Aprés cela la guerre ſurvint entre le Roi & l'Eſpagne, & cette entrepriſe enfanta encore pluſieurs Edits. Combien de creations de charges, qui furent ſupprimées peu de temps aprés, le tout pourtant pour le ſoulagement du peuple. Car ces mots ſont auſſi bien emploiés dans les Edits de creation, que dans ceux de ſuppreſſion, tant il eſt vrai qu'on donne quel nom l'on veut à toutes choſes.

Le ſuccés de cette guerre fut tout-à-fait avantageux au Roi ; quoi qu'elle ne durât qu'une campagne, il augmenta ſes Etats d'un beau païs, & dans lequel ſont enclavées pluſieurs belles, & riches villes. Mais la paix qui ſurvint fut encore de la nature de celle des Pirenées, il fallut du temps

temps pour en voir le fruït, &
enfin ce fruït à été si tardif, qu'il
n'est pas encore venu; la guerre de
Hollande suivit de prés, & ce fut
non seulement une excuse pour
s'empêcher de soulager le peuple,
mais encore un prétexte pour
l'accabler. Je ne parlerai point
du succés qu'a eû cette guerre,
chacun en est informé, mais tout
ce que je puis dire, c'est, que
quoique le Roi y ait fait des conquêtes considerables, & qui lui
produisent un grand revenu, on
n'a pas encore ôté un seul impôt
de ceux qui ont été mis. On
continuë de dire que les fruïts de
la paix sont tardifs, & que le Roi
étant obligé de faire travailler à
une infinité de places, il lui est
impossible de faire tout ce qu'il
voudroit bien. Voilà dequoi
l'on paie un million de familles
qui sont allées à l'Hospital depuis
quinze ou vingt ans, ce qui n'est

pas

pas bien dificile à croire , puis qu'outre les grandes dépenfes qu'il a fallu faire pour toutes les guerres qu'on a eû à foûtenir , il y a deux maifons qui ont bien profité de cent millions en fi peu de temps , fans compter ceux qui fuivent leur fortune, qui en ont bien encore pillé deux fois autant.

Voilà l'image fidele du bonheur de la France ; & je laiffe à juger aprés cela , fi l'on doit être plus attaché à fon Prince, qu'a fa femme & à fes enfans. Je fçais bien que le Roi eft bon de lui même, & qu'il ne verroit pas volontiers tant de miferes , fans en être touché. Mais enfin il n'entre pas dans le détail de tout ce qui fe paffe, & quand fes Miniftres lui parlent d'une affaire, ils ont le foin de lui en montrer le beau , & de lui en cacher le laid. Par exemple quand ils lui propofent

fent le moien de recouvrer de l'argent, ils lui font voir que cet argent fera utile, ou à quelque
conquête, ou à conftruire quelque Palais, ou à quelque autre
chofe, qu'il feroit fuperflu de
fpecifier par le détail. Ils n'ont
garde de lui dire, que cela va
ruïner une infinité de Provinces,
où la mifere eft déja fi grande,
qu'il n'y a que ceux qui font fur
les lieux, qui en puiffent parler
au jufte. Ils connoiffent le bon
naturel du Roi, & qu'il ne voudroit pas achepter fon contentement aux dépens du fang de tant
de miferables. Ils fçavent qu'il
n'a que faire ny de nouveaux Palais, ni de nouvelles conquêtes, ni
de toutes les autres fuperfluités,
pour être heureux. Auffi ils n'ont
garde de l'embarquer par là, mais
ils lui difent qu'un grand Roi doit
toûjours avoir les armes à la main
ou du moins faire parler de lui

par

par des dépenſes, qui le diſtin-
guent des autres Princes. Ils lui
remontrent qu'étant déja connu
par la reputation qu'il s'eſt aquiſe
lui même à la tête de ſes armées,
il faut que les étrangers qui voia-
gent dans ſon Roiaume, aillent
publier par tout, que ſa gloire
n'eſt pas moindre dans la paix,
que dans la guerre. Enfin voila
le tableau qu'ils lui font de la
grandeur d'un Prince, & celui
même qu'ils expoſent aux yeux
du public, pour tâcher de l'abuſer. Je ne dirai point qu'ils ne
reüſſiſſent pas par là, au contraire la plûpart ſe laiſſant éblouïr
par ces dehors pompeux, s'imaginent avoir part dans toutes les
grandeurs qu'on leur étalle. La
ſtupidité fait encore qu'on va
plus loin, on mépriſe les autres
Nations, parce qu'elles n'ont pas
tant de faſte. Cependant, qui
examinera bien les choſes, on
verra

verra que c'eſt à elles à nous mé-
priſer , & à nous à envier leur
bonheur. Elles ne ſont point ex-
poſées comme nous aux caprices
des Miniſtres, ſi elles païent des
impôts, ils ne durent qu'autant
que les neceſſités de l'Etat le demandent, ces impôts ne ſervent
point pour le luxe, pour l'ambition , ou pour mille autres choſes ſemblables, & qui plus eſt, des
particuliers ne les partagent point
avec le maître.

Si je rapporte toutes ces choſes, c'eſt pour faire voir ſeulement que les Miniſtres ayant autant de ſujet que le Roi d'être
contens de leur fortune, c'eſt
s'être démentis de leur habileté,
que de ne pas entretenir les choſes
ſur le pied qu'elles étoient. Ils
avoient, & auroient eû l'obeïſſance de toute la France , tant
qu'ils n'auroient touché qu'au
bien. Mais enfin ſe tait-on, quand
on

on violente les consciences, &
qu'on met en pratique des choses
si crüelles que la posterité ne les
poura croire. Pour moi j'ai de la
peine à dire, tout ce que je dis,
je me suis laissé amuser comme les
autres à toutes les bagatelles, dont
je viens de parler, & quoi que je
sçache bien que ce ne soit pas là
l'essentiel, j'avoüerai encore à
ma confusion que je serois capable d'y donner, comme auparavant. Mais qu'on ne se fie pas la
dessus, tout le monde n'a garde
d'être de mon humeur, depuis
que je suis hors de France, je vois
que ceux que j'avois toûjours re-
connus pour bons François, font
gloire de ne le plus être. Que
faut-il attendre de cela? rien que
désolation, & que misere: ils
prêchent dans toutes les Cours,
ou on leur à donné retraite, que
tous les ordres du Royaume font
mécontens : ils en font le détail,

com-

comme je viens de faire, promet-
tant que s'il arrivoit la moindre
difgrace, on verroit le Roi, &
les Miniftres bien empêchés.
Pourquoi fe faire de nouveaux
ennemis ? le Roi n'en avoit-il
pas déja affés fans eux? qu'on aille
dans toutes les Cours étrangeres ;
on verra que les François y font
en exécration: peut-être a-t-on
tort & la Nation n'a pas toutes les
méchantes qualités qu'on lui impute. Mais tout ce que je puis
dire, c'eft que nôtre malheur eft
bon à quelque chofe : ces mêmes
étrangers ont changé de fentiment à nôtre égard, & foit qu'ils
aient pitié de nos malheurs, ou
qu'ils nous croient irreconcilia-
bles avec la Cour, ils font maintenant tout autant de cas de nous,
que d'aucune autre Nation. Cependant je crois que c'eft plutôt
par une raifon, que par l'autre,
& ce qui me le fait dire, c'eft que

L   com-

comme il y en a parmi nous, qui ont bien plus de refentiment les uns que les autres, c'eft à ceux-là qu'ils font plus de careffes. Quelle neceffité d'augmenter l'averfion qu'ils portoient déja à la nation, & ne pouvoit-on pas bien s'imaginer les difcours que des defefperés leur pouroient faire : y a-t-il rien de fecret, dont on ne leur faffe part, on leur decouvre le fort, & le foible de l'Etat, & comme il y a des endroits par où l'on peut lui apporter un grand préjudice, n'eft-ce pas le moien de hâter le deffein qu'ils pouroient avoir de prendre les armes. Le temps nous apprendra beaucoup de chofes, mais j'ai peine à croire qu'il arrive ce qu'on dit. On nous veut perfuader, que le Roi n'attendra pas qu'on lui faffe la guerre, mais qu'il la déclarera lui même avant qu'il foit peu. Tous ces difcours ne font

que

que des artifices pour faire accroire qu'il ne craint rien, cependant
l'on a nouvelle qu'il voudroit être
à recommencer. L'on sçaît positivement qu'il a un déplaisir in-
concevable de la desertion de
tant de bons Officiers, & que
même il en a témoigné du chagrin aux gens qui sont causes de
tous ces malheurs. C'est pour
cela, que ceux qui sont assés heureux pour avoir gaigné un autre
païs, recoivent si souvent des
lettres de leurs amis, pour les
tenter de retourner. Que ne fait-
on point pour les éblouïr par les
bienfaits, que le Roi donne à
ceux qui changent de Religion?
dix mille livres de rente à l'un,
huit mille à l'autre, un Gouvernement à celui-ci, un Regiment
à celui-là, & enfin mille choses
semblables. Mais avec tout cela,
je ne vois pas qu'un honête homme en soit ébranlé, & une mar-

que de ce que je dis, c'eſt qu'il arrive ici tous les jours de nouveaux Officiers, & je ne vois pas qu'il s'en retourne un ſeul, ſi j'en excepte deux fripons qui étoient chargez de dettes, & à qui l'ón a fait des promeſſes qui ſe trouveront plutôt illuſoires qu'effectives.

Je viens de montrer ce me ſemble par vives raiſons, combien il étoit important aux Miniſtres de laiſſer les choſes en l'état qu'elles étoient, mais je n'ai dit encore que la moitié de ce qui ſe peut dire la deſſus, car enfin le Roi n'a pas perdu ſeulement par là l'amitié de ſes peuples, mais encore celle des Princes, qui avoient une alliance plus étroite avec lui. J'ai donc eû raiſon de dire qu'il avoit agi directement contre ſes intereſts, c'eſt ce que j'acheverai de prouver dans le Chapitre ſuivant.

C H A-

CHAPITRE III.

Qu'il n'y a point de Prince dans l'Europe, qui n'ait interêt à ce qui se passe aujourdhui, sur tout les Princes Protestans, dont la Religion est en grand danger s'ils souffrent que nous perissions

LA conduite des Princes est toûjours misterieuse, & quoi qu'ils ne reüssissent pas toûjours, il est constant neanmoins qu'ils ne font jamais rien sans dessein J'ai expliqué ci-dessus celui que le Roi pouvoit avoir eû en procurant nôtre perte, mais il en faut pénetrer les suites. Pour peu qu'on se veuille donner la peine de les examiner, on trouvera sans doute qu'aiant jetté les yeux sur les deux Religions, qui partagent l'Europe, il a cru qu'il n'arriveroit jamais aux grands desseins

L 3

qu'il

qu'il a pû conçevoir, à moins que de se déclarer ouvertement ennemi de l'une, ou de l'autre. Il n'a eû garde de le faire de la Religion Romaine, cela tiroit à trop de consequence pour lui, outre qu'il y a été élevé, & que par consequent, il y étoit attaché, comme ont coutume d'être tous ceux, qui ont été élevés dans une Religion. D'un autre côté il n'auroit pas été seur du consentement de ses sujets, car quoi qu'il faille convenir que ce qui s'appelle la Cour, seroit d'humeur aussi bien que la plus grande partie des Evêques, d'embrasser la loi Mahometane, en cas qu'il se fît Turc, comme ce n'est rien neanmoins en comparaison du peuple, ç'auroit été peu de chose que leur suffrage, dans une affaire de si grande importance que celle-ci. Cela présupposé, comme il est hors de doute, il n'a pû faire autre-

trement que de paroître ennemi
juré des Reformés, & il a crû en
tirer cet avantage, que tout le
parti Catholique se joindroit à
lui, pour les extirper, ou du
moins qu'il n'oseroit s'opposer à
ses desseins, voiant qu'il s'agissoit de la Religion. Certes cette
politique est des plus rafinées, &
peut-être on n'a rien traité de
plus fin depuis long-temps dans
le Cabinet. Mais enfin, de quelque adresse que l'on se serve, il
se trouve quelquefois des gens qui
pénetrent tout. Comment aussi
pouroit-on croire que le Roi par
le seul motif de Religion se mît
dans le danger que lui peut attirer une affaire de si grande importance, lui qu'il n'y a que fort peu
de temps, qui disputoit l'authorité du Pape. Cette assemblée du
Clergé, qui faisoit tant de bruït
par des propositions qui surpre-
noient tous ceux de cette Reli-

L 4

gion,

gion, s'accorde t-elle bien avec ce qui se passe aujourdhui. Dans ce temps là il ne se soucioit pas de paroître tout prêt de former un Schisme, dans ce temps-ci, il ne veut pas souffrir qu'aucun de ses sujets professe une autre Religion que la Romaine. Etrange changement, & ne faut il pas que le St. Esprit soit descendu bien vîte, ou qu'il serve de prétexte au Roi, comme il a toûjours fait à tous les grands Princes. En effet cette politique n'est pas nouvelle, & si nous lisons l'Histoire du siecle passé, nous verrons que c'étoit le chemin que prenoit l'Empereur Charles V. pour parvenir à la Monarchie universelle. Mais aussi cette même Histoire nous apprend le remede qu'y trouverent les puissances qui étoient menacées de ruïne. Elles eurent recours à Henri II, & ce Prince, qui étoit pourtant bon Catholique

que Romain, ne crut pas de ſes interêts, de ſouffrir que la Religion ſervît ainſi de prétexte à un Prince, qui étoit accuſé de n'en avoir gueres. Si je parle ainſi de cet Empereur ce n'eſt qu'aprés beaucoup d'autres, cependant s'il faut appuïer ce que l'on dit de quelque authorité. Je trouve que je prouverai aſſés mon dire, en faiſant reſouvenir de cet inceſte, qu'il commit avec ſa propre ſœur, de laquelle nâquit Dom Jean d'Aûtriche, celui qui gaigna la fameuſe bataille de Lepante contre les Turcs.

Il y en a peut-être qui voudront dire que le grand regret que cet Empereur eût d'un crime ſi horrible, fut cauſe du deſſein qu'il prit de nous exterminer & j'ai même lû quelque part (il eſt vrai que c'eſt dans un Autheur qui goguenarde ſi ſouvent, qu'il n'y a gueres de fonds a faire ſur ce

L 5

qu'il

qu'il dit) j'ai lû dis-je, en un endroit, que c'étoit la penitence
que le Pape lui avoit donnée.
Mais il vaudroit mieux que les
Princes ne fissent pas de si grandes
fautes, & que nous fussions moins
exposés à leurs persecutions. Il
y a de l'apparence que ce n'est pas
un commandement comme celui
là qui anime le Roi aujourdhui,
il est hors du cas que je viens d'al-
léguer, & d'ailleurs un Prince
comme lui, qui a donné la loi au
Pape jusques dans Rome, ne la
receuroit pas à son tour dans une
affaire, qui dans le fonds est si pré-
judiciable à ses interêts. Je me re-
souviens encore de cette piramide, qui fut élevée pour repara-
tion de l'affront qu'on avoit fait à
son Ambassadeur, mais si j'en
ai conservé le souvenir jusques
à present, je crois que le Pape,
& les Cardinaux, s'en souvien-
nent encore mieux que moi. C'est

une

üne atteinte mortelle à leur reputation , & il eſt à préſumer
qu'il n'y a que l'impuiſſance qui
les ait obligés juſques ici à demeurer ſans reſentiment. Aujourdhui que l'occaſion s'en preſente, eſt il à croire qu'une Nation qui a tant de peine à pardon-
ner, ſe démente de ſon propre
genie , auſſi bien que de ſes interêts. Attendra-t-elle qu'au
lieu d'une piramide , le Roi en-
toure le ſiege de ſon Empire de
ſes Troupes victorieuſes. Si cela
arrive jamais , où ſera la liberté
des ſuffrages , lors qu'il s'agira
d'une élection. L'on voit déja ,
non ſeulement quelles brigues il
ſe fit dans ce temps là , car cela a
toûjours été,& il y a de l'apparence que cela ſera encore toûjours ,
mais avec quelle authorité , il
veut que l'on ſuive ſes intentions.
Ne ſera-t-on pas bien aiſe de lever un ſi grand obſtacle, princi-

            pale-

palement venant à confiderer, que tout ce que le Roi fait, n'eft que pour fe rendre plus puiffant.

Peut-être va-t-on dire que je parle tantôt d'une façon, & tantôt d'une autre, puifque j'ai dit dans le chapitre précedent que les Miniftres faifoient faire un pas dangereux au Roi, & que dans celui-ci, je dis au contraire que fon but eft de fe rendre plus puiffant. A cela je réponds, que pour dire ce que je dis, je ne change point de langage. Je ne doute point que le Roi ne croie réüffir par là, mais c'eft à fçavoir fi fes deffeins auront le fuccés qu'il efpere. On lit dans fon cœur quelque couverture qu'il donne à fes actions, & comme tous les Princes ont interêt à fe conferver dans l'indépendance, ou Dieu les a fait naître, c'eft un fignal pour les reünir tous. Il ne fera point queftion s'il s'agit de la Religion, ou non; l'on l'on démêlera le sujet, d'avec le prétexte, & tout ce qui peut arriver, c'est que si le Pape ne juge pas à propos à cause de son caractere de se mettre à la tête d'une ligue ou il y aura bon nombre de Princes Protestans, il y entrera toûjours secretement.

Il n'en étoit pas de même, si le Roi eût toûjours continüé dans le procedé qu'il tenoit à nôtre égard. En nous sappant ainsi peu à peu, j'avouë bien qu'il avoit de grands desseins, mais toûjours ne les donnoit-il pas tant à connoître. Cela faisoit donc que chacun se flattant encore de pouvoir conserver sa liberté, on n'éclairoit pas sa conduite de si prés. Mais aujourdhui, que peut-on dire? Se mettra t-on en tête, comme j'ai déja remarqué, qu'il n'entreprenne nôtre destruction que par un pur motif de Religion? cela s'accorde t-il bien avec toutes

 les

les marques qu'il a données au Pape du peu de confideration qu'il avoit pour lui. Que veut dire cette piramide ? que veut dire cette affemblée du Clergé ? Que veulent dire tant de propofitions, ou les veritables zelés ont trouvé fi fort à redire ? Que veulent dire enfin toutes les mefures que l'on prend chaque jour pour tâcher de s'emparer d'un nombre infini de biens Ecclefiaftiques, & en un mot ? qui ne verroit clair dans toute cette conduite. J'avouë, que de l'humeur dont eft le Pape, il aura de la peine à fe determiner fur une affaire de fi grande confequence ? Il confiderera peut-être, que c'eft fe démentir de tous les fentimens qu'il à fait paroître jufquesici, que de fe déclarer contre un Prince qui travaille à reünir à fon Eglife un fi grand nombre de peuple. Mais auffi, s'il envifage les fuites de

tout

tout cela, ne fe dira t-il pas, qu'il vaut encore mieux conferver fa puiffance en l'état qu'elle eft, que de l'augmenter en apparence pour être enfuite la victime d'une autre puiffance infiniment au deffus de la fienne, il a vû par experience l'infidelité du Clergé, il verra la même chofe des Cardinaux, s'il fouffre que la domination du Roi s'étende jufques en Italie. La puiffance du Pape n'eft reverée, que parce qu'elle eft indépendante ; du moment que cela ne fera plus, il deviendra commē les autres Evêques. Les Cardinaux feront bien pis, il ne fera plus queftion de difputer le pas aux Princes. Mais que dis-je ils feront bien même obligés de le ceder aux Evêques. Ceux-ci rentreront dans leurs droits, & ils feront bien voir à ceux là, qu'ils étoient encore dans le neant, lors que tous les Chrêtiens fe foûmet-

toient

toient à leur obeïr. Que deviendra alors le sacré College, & ne faudra-t-il pas que chacun aille briguer quelque grace à la Cour. Etrange changement pour des gens qui s'en font tant accroire aujourdhui.

Voilà pourtant l'état ou se trouvera bientôt la Cour de Rome, si elle ne fait une serieuse reflexion à ce qui se passe aujourdhui. Car enfin j'avoüerai au préjudice de ce que j'ai dit ci-devant, que si le Roi parvient à n'avoir plus qu'une Religion dans son Roiaume, il en sera plus hardi pour faire des entreprises. Quoi que nous fussions incapables de traverser ses desseins, il nous étoit impossible neanmoins de le lui ôter de la pensée. Nos ennemis lui insinüoient à tous momens que nous ne verrions qu'a regret la destruction de ceux de nôtre Religion, & sur ce pied là il n'o-

soit

foit s'y embarquer qu'avec des précautions inconcevables. Enfin, pour me fervir d'un terme fort commun, mais qui pourtant n'en eft pas moins fignificatif; Nous pouvions bien le guerir du mal, mais non pas de la peur. Et s'il fe voit jamais à l'abri de l'un, & de l'autre, il eft certain que fi l'interêt de fes Miniftres s'y accorde, l'on court rifque de voir un embrafement qui confumera toute l'Europe. Mais que dis-je, nous ne fommes plus à la veille de cela, au moins de fa part, & il eft à croire plûtôt que toutes les autres puiflances le préviendront. Elles n'ont garde de fouffrir qu'il fe ferve du prétexte de la Religion, pour parvenir à la Monarchie univerfelle. Elles avoient déja du foupçon qu'il y prétendoit, mais aujourdhui qu'il fe déclare fi formellement, elles n'auroient gueres de foin de leurs interêts,

rêts, d'attendre que l'orage vînt
fondre sur elles.   Il n'est rien tel
que de prévenir son ennemi : celui qui attaque le premier a toûjours un grand avantage , & c'est
dequoi personne ne sçauroit dis-
convenir.   Cependant si cela arrive jamais, ce sera alors que le
Roi verra le préjudice qu'il s'est
fait de nous reduire à l'extremité.
Quand même le desespoir ne nous
feroit pas faire bien des choses,
toûjours est il certain, que nous
lui pouvions beaucoup servir, sur
tout quand il avoit quelque dé-
mêlé avec le Pape, ou avec la
maison d'Aûtriche de qui, comme j'ai déja dit, nous sommes ennemis , pour ainsi dire , dés le
ventre de la mere.   Le Roi pouvoit donc conter toûjours sur nôtre fidelité, & je puis dire sans
aucune prévention, qu'il s'y pouvoit assurer plutôt , que sur celle
d'aucun autre de ses sujets.   La
rai-

raiſon que j'y trouve, c'eſt que quoi qu'en veuillent dire nos ennemis, nous avons plus de Religion qu'eux. L'on ne voit point que nous ayons jamais eû part à ces débauches ſignalées, qui ſe ſont paſſées ſous ſon régne. Nous nous ſommes toûjours contenus dans le devoir que nous devions à Dieu, & celui qui a pour maxime de ne point offenſer celui qui lui a donné l'être, ſe diſpenſe rarement d'obeïr à ceux que Dieu a établis ſes Lieutenans en ce monde. J'ai déja dit qu'on regardât toutes les ſeditions qui ont éclaté ſous le régne du Roi, & qu'on ne verroit point que nous y aions jamais trempé. J'ajouterai que ce n'eſt pas ſeulement en France, ou nôtre obeïſſance paroît, mais encore dans tous les Roiaumes, ou nôtre Religion eſt répanduë. Nous ne ſçavons ce que c'eſt que de nous révolter contre nôtre Prince pour quelque

que raifon que ce foit. Cela paroit principalement en Suede,
ou il s'eft fait un fi grand changement depuis quelques années,
& pour le gouvernement &
pour les biens, que fi cela fût arrivé dans un païs habité par des
gens de la Religion Romaine, le
Roiaume feroit renverfé maintenant c'en deffus deffous. Mais
nous n'avons perfonne parmi
nous, qui nous difpenfe d'obeïr
à nôtre Prince, c'eft pourquoi
les Suedois ont tout fouffert fans
dire mot. Il n'en eft pas de même
parmi ceux de la Religion Romaine, on trouve des Moines, &
des Curés, qui ont la confcience
large, & même les Papes font
gloire d'en montrer le chemin aux
autres, parce que cela authorife
toûjours le pouvoir qu'ils ont
ufurpé fur les puiffances fecu-
lieres. C'étoit à nous que le Roi
pouvoit recourir dans ces fortes
d'occafions, & quand tout le Roiaume

iaume lui auroit manqué, nous n'avions garde de faire la même chose. Nous ne craignons rien tant que l'authorité du Pape, & c'est assés qu'il veuille faire quelque entreprise pour nous y opposer. Nous avons toûjours été dans la même disposition à l'égard de l'Espagne, & cette Monarchie n'a point trouvé ny d'ennemis plus promts, ny plus à craindre que nous. Si cela est vrai, comme il n'en faut point douter, qui peut dire que le Roi ait bien fait de se priver d'un secours qui lui étoit si assuré. C'est maintenant que le Pape n'a plus qu'a lancer ses foudres pour jetter le Roiaume dans une grande consternation. Tout le monde ne tremblera-t-il pas, puisque tout le monde est maintenant soûmis à ses ordres. Autrefois nous étions capables de remettre les autres dans le bon chemin, & quand

nous

nous aurions trouvé quelque ob-
stination, nôtre parti n'étoit pas si
peu confiderable, qu'en attendant
que chacun se fût desillé les yeux,
nous n'arrestaffions toûjours
les deffeins d'un ennemi si rusé.
A qui aura le Roi maintenant
son recours, & quand nous n'aurions eû pour nous que cette seule
raifon, ne meritoit elle pas bien
qu'on y songeât deux fois avant
que de nous détruire, qu'on en
die tout ce qu'on voudra, dans
la jaloufie que le Roi donne aujourdhui à toute l'Europe, il n'a
rien davantage à apprehender
qu'une guerre, dont le Pape se
feroit chef. C'eft un beau prétexte que celui de la Religion, &
quand la Cour de Rome voudra,
ne trouvera t-elle pas lieu de
chicanne. A-t-elle fujet d'être
fatisfaite de la maniere que se font
traitées tant d'affaires qui la re-
gardent de fi prés : ces libertés de
l'E-

l'Eglise Gallicane, qu'on augmente, & qu'on restraint, selon
que les Rois sont plus, ou moins
puissans, ne sont ce pas des sour-
ces inépuisables de querelle. Il
falloit bien cependant que le Pape
filât doux, quand nôtre parti sub-
sistoit. Il sçavoit que nous étions
tout prêts de soûtenir les Droits
du Roi contre le premier qui
s'y voudroit opposer, à plus forte
raison contre lui. Il est a couvert
maintenant de cette crainte, il
n'a qu'a mettre en usage les foudres Ecclesiastiques pour se faire
craindre à son tour. Dés que les
Eglises seront fermées, & que le
peuple verra l'interuption de ses
ceremonies, adieu le respect
qu'il portoit au Roi, le scrupule
s'emparera de son ame, & il n'a
qu'a mourir une seule personne
sur ces entrefaites, pour faire soulever toute une Ville, & peut-être tout le Roiaume, je crois que
le

le Roi comblé de gloire comme il eſt par tant de victoires, & d'ailleurs accoutumé à un commandement abſolu, ne s'imagine gueres de telles révolutions, mais ne ſçait il pas ce que la Religion eſt capable de faire. Il en voit un bel exemple par nous mêmes, il a vû que nonobſtant tous ſes Edits, cela n'a pas empêché qu'il ne ſe ſoit trouvé des perſonnes aſſés zelées, pour aller ſur les ruïnes de leurs Temples chanter les loüanges de Dieu, il voit que cela ne nous étant plus permis, nous aimons mieux quiter nos femmes, nos enfans, nôtre bien, & nôtre païs, que de nous ſoumettre à ſes ordonnances, pourquoi les Catholiques Romains n'en feroient ils pas autant que nous, ſi jamais ils s'y trouvent obligés. Encore nous offre-t-on maintenant l'exercice d'un Religion, ſans laquelle les hommes ne

ne sçauroient vivre, au lieu, qu'ils
n'en auroient plus en pareil accident. Encore un coup; cela n'est il
pas capable de produire bien des
choses ? & le Roi, qui a si bien
reüssi depuis qu'il est sur le trône,
a-t-il bien songé qu'il alloit élever lui même le Pape au delà de
ce qu'il a jamais été ? Cela est
pourtant plus dangereux qu'il ne
croit, & s'il en doute, qu'il fasse
bien reflexion à une chose. Jamais la Cour de Rome n'a été si
moderée à l'égard des Princes
Chrêtiens, que depuis que l'Europe à été partagée en differentes
Religions, pourquoi cela? Parce qu'elle a apprehendé, que les
Princes ne voiant clair dans sa
conduite, ils ne se jettassent dans
le parti qui les pouvoit mettre à
couvert de son ambition. Au
reste si cette verité est connüe de
toutes les puissances. Pourquoi
le Roi, qui a bon droit passe pour

M

le

le plus grand Prince, & pour le
plus éclairé de toute l'Europe,
donne-t-il des armes lui même
pour les tourner contre lui ? Eſt-
ce qu'il n'a rien à craindre des Papes, il n'eſt pas poſſible qu'il ait
cette penſée, & il ſçait bien que
ſa Couronne n'a jamais couru tant
de riſques que de ce côté là. Qu'il
jette les yeux ſur le régne de Henri le Grand ſon Ayeul, & il verra
que la Cour de Rome lui faiſoit
plus de mal toute ſeule par ſes
coups fourés, que ne faiſoient le
Roi d'Eſpagne, & les Guiſars à
force ouverte.

On n'auroit jamais crû que le
Roi eût tant à craindre du Pape,
ny que le Pape ſe dût tant rejouïr
de nôtre malheur. Mais comme
je crois avoir aſſés bien éclairci la
choſe, pour qu'il n'en reſte plus
de ſoupçon, je paſſerai aux autres deſavantages que le Roi s'eſt
fait par là, ce qui ne me ſera pas
dificile de prouver.   Il

Il est certain, que quoi que sa puissance soit incomparablement au-dessus des autres Rois de France, ses Predecesseurs, & qu'il ait même donné de temps en temps des marques qu'il étoit capable d'une plus grande ambition, l'on n'a jamais crû fortement qu'il eût des pensées aussi vastes, que beaucoup de gens lui ont voulu attribüer. On a voulu dire qu'il aspiroit à la Monarchie universelle, mais on y voioit tant d'obstacles, qu'il sembloit plûtot qu'on voulût dire qu'il en étoit plus digne que capable d'y parvenir. Le moien aussi de croire que lui qui à déja passé plus de la moitié de sa carriere, car enfin on n'est plus jeune dés que l'on approche de cinquante ans, voulût se mettre un dessein en tête, ou des Princes qui n'étoient pas moins puissans que lui ont échoüé. Qu'on regarde de quelle ma-

M 2 niere

niere Charles V. se tira de cette affaire, lui neanmoins qui posse-
doit bien d'autres païs que le Roi,
& qui n'étoit pas en moindre reputation. Cependant à dire les
choses, comme elles sont, il est
pourtant vrai, que s'il se trouvoit encore un Prince en France
comme lui, & dont le régne fût
aussi long, & aussi heureux, il
pouroit peut-être accomplir ce
que le Roi a commencé si glorieu-
sement. Les Successeurs travaillent d'ordinaire sur les memoires
de ceux qui les ont precedés, &
nous voions cela particulierement
en France, ou ils ne faut point
que les Ministres se vantent d'u-
ne si grande penetration, puisque
si on examine bien leur conduite,
on trouvera qu'ils ne suivent que
ce que le Cardinal de Richelieu
leur a enseigné. C'est ce grand
homme qui a donné le premier les
moiens d'abbaisser la maison
d'Aû-

d'Aûtriche, qui nous à ouvert les Alpes, & les Pirenées, & qui pour tout dire en un mot, à relevé la reputation du Roi qui étoit fletrie également , & chez les étrangers , & chez nous même. Comme je fais profeſſion de dire la verité, j'avoüerai encore que c'eſt lui qui à été d'avis d'abbatre nôtre parti. La raiſon qu'il en avoit, eſt que comme nous avions en ce temps là pluſieurs grands hommes parmi nous , il apprehendoit que la Religion ne leur ſervît de prétexte pour troubler l'état , choſe qui étoit en leur pouvoir de faire, veü le credit qu'ils avoient dans le Roiaume, & les places qui étoient en leur diſpoſition. Au reſte je demanderois volontiers à ceux qui ſuivent ces memoires, s'ils y ont trouvé ce qu'ils pratiquent aujourdhui, je veux dire le conſeil de nous détruire entierement.

M 3

Car

Car il y a une grande difference
entre nous ôter les moiens de remüer, & nous jetter dans le defefpoir. Nous ne pouvions pas empêcher que ce grand homme
n'eût de l'ombrage de nos forces,
d'ailleurs il fçavoit la jaloufie que
tous les Grands tant de l'une,
que de l'autre Religion avoient
contre lui. Il craignoit qu'ils ne
fe reüniffent tous, & comme
il y en avoit parmi nous qui
avoient des places fortes, comme pouvoit être **Mr.** de Boüil-
lon, il ne faut pas s'étonner qu'il
buttât tant à nôtre ruïne, puis
qu'il y trouvoit fa feureté particuliere. Une marque que
ç'a toûjours été là fon motif,
c'eft que nous voions, que dans
le temps même qu'il paroiffoit
nous perfecuter davantage, il
avoit grand foin de faire Alliance
avec les Princes Proteftans. Il
nous prend laRochelle à la verité,
mais il affifte le Grand Guftave

de

de toutes les forces du Roiaume,
Il donne penfion au Lantgrave de
Heffe, il tâche d'attirer le Duc
de Saxe dans les interêts de la
Couronne. Enfin il n'oublie rien
pour ainfi dire, pour rétablir la
confiance, que le commençement de nôtre perfecution pouvoit ôter. Or la conclufion que
je tire de là, eft que ce grand
homme, qui étoit auffi éclairé
pour le moins que les Miniftres
d'aujourdhui, reconnoiffant de
quelle utilité étoit pour le Roiaume la bonne intelligence avec les
Princes Proteftans, n'avoit garde de la rompre par des entreprifes pareilles à celles que nous
voions. Ces Princes ne pouvoient
pas trouver mauvais, qu'on re-
tirât de nós mains des Villes qui
pouvoient être l'azile de la Rebellion, auffi bien que la feureté
de nos confciences, mais il n'en
eût pas été de même, s'ils euffent

M 4   veu

veu qu’on en eût voulu bien plutôt à la Religion , qu’a tout le
reste. Qu’euſſent ils dit, s’ils ſe
fuſſent apperçûs qu’au préjudice
de tant d’Edits confirmés par mille promeſſes Roiales , on n’eût
plus voulu qu’une même profeſſion de foi. N’euſſent ils pas bien
veu qu’on ne vouloit qu’un prétexte pour faire querele au tiers,
& au quart, & que c’eſt là proprement ce qu’on appelle vouloir
pêcher en eau trouble. Il en
eſt de même de ceci , comme de
ce que nous avons veu de Strasbourg : tout le monde ſe ſouvient
que l’Evêque de ce nom fut un
des Boutefeux de la derniere
guerre , & qu’on ſut l’embarquer, ſous promeſſe de rétablir
la puiſſance de ſes Predeceſſeurs
dans ſon Evêché. Il crut legere-
ment ce qu’on lui diſoit , & ſur
ce pied là il fit des brigues de tous
côtés pour faire reüſſir les deſſeins
du

du Roi, qu'eſt-il arrivé, rien ſinon qu'il eſt mort haï de tous les
Princes, excepté de celui qui
trouvoit ſon conte dans ſon infidelité. Mais encore le Roi aiant
eû tant d'avantage par le traité de
paix eſt il poſſible qu'il ne ſe ſoit
point ſouvenu d'un homme qui
lui avoit rendu tant de ſervices,
pardonnés moi, en voici la recom-
pence, le Roi trouvant l'occaſion
de s'emparer de Strasbourg, la fait,
mais pour luï, & non pas pour
l'Evêque d'apreſent qui pourtant a encore plus travaillé pour
ſes interêts, que le defunt. Il
en ſera de même, comme je viens
de dire, dans l'occaſion qui ſe
preſente. Combien de belles
promeſſes les Miniſtres vont ils
faire à ceux, qui épris de zele,
ou pouſſés par quelque interêt,
voudront faire fleurir la Religion
Romaine dans des lieux ou ils auront quelques prétentions ? Pour

M 5

moi

moi je crois déja voir Geneve tomber sous la puiſſance du Roi, comme Strasbourg. On promettera à l'Evêque tout ce qu'il voudra, mais je ne répons pas qu'on lui en tienne la moindre partie. Il faut que Bâle pareillement prenne bien garde à elle, c'eſt par ces ſortes de ruſes qu'on s'empare toûjours de ce qui eſt à ſa bienſeance, & pour en dire la verité, je trouverois tout cela fort beau, & fort politique, ſi je n'y voyois Dieu offenſé.

Cependant il faut convenir que les Princes Proteſtans doivent encore moins s'accommoder de cela, que tous les autres. ils ſçavent la haîne que les gens de la Religion Romaine leur portent, & s'ils ſouffrent qu'on ruïne ainſi ceux qu'ils ſont obligés de proteger, & par un principe de Religion, & par un principe de politique. On viendra enſuite juſ-

ques

ques à eux. Que ceux principalement, qui font riches des biens
d'Eglife y faffent reflexion, ce
fera tôt ou tard un fujet de leur
faire querele. Le Roi n'eft pas
fi éloigné d'eux, qu'ils ne le doivent apprehender. Il tient déja
des places au delà du Rhin, il a le
paffage de ce fleuve libre par le
moien de Strasbourg, il a des
penfées fur le trône Imperial,
pour lui, ou pour le Dauphin,
ou peut-être pour le Duc de
Bourgogne, Prince, dont ceux
qui ont tiré fon horofcope, veulent qu'il foit encore plus grand
que le Roi, tant y a que tous ces
fujets de défiance meritent bien
la peine d'y penfer. Mais, que
dis-je, non feulement ils le meritent, mais encore c'eft là la
caufe pourquoi l'on voit toute
l'Allemagne changée depuis trois
ou quatre mois. Les Princes, que
des interêts differens rendoient

                    en-

ennemis secrets les uns des autres commençent à se rapatrier. Il n'est plus question maintenant des anciennes quereles de la Couronne de Suede, & de Danemark, le Roi les a terminées heureusement par ce qu'il vient de faire. Le Roi de Danemark qui avoit epousé ses interêts jusques à être tout prêt de broüiller le Nort commençe à penetrer qu'on ne demande qu'a le ruiner lui même, aussi bien que la Couronne de Suede. L'on n'a en vuë que de faire ses affaires, pendant qu'il sera occupé ailleurs. On ne demande dis-je, autre chose sinon qu'il s'embarque à la guerre, afin que tous les Princes Protestans prenant parti pour ou contre, pas un ne soit plus en état de prendre garde à ce qui se passe: & de fait si la guerre eût commençé de ce côté là, le Roi ne se feroit-il pas moqué de toutes ces puissances, lesquelles

se

se feroient confumées les unes les
autres, fans que pas une en eût
retiré le moindre profit; car enfin ne fçait on pas bien entretenir
la balance quand il en eft befoin,
c'eft-à-dire redoubler le fecours,
ou le retirer à proportion de la
neceffité. Cependant je dois convenir d'une chofe, que cette politique eft fort adroite, puifque
le Roi aiant toûjours apprehendé
que l'Allemagne ne lui tombât
fur les bras, en cas qu'elle fe vît
en repos du côté du Turc, c'é-
toit toûjours épuifer une partie
de fes membres, & par confequent les rendre incapables de
lui faire du mal. Mais en quoi la
politique eft plus belle, c'eft que
fi cette guerre eût commencé,
elle eût fait une merveilleufe diverfion en faveur du Turc. Ainfi
il en eût été moins porté à la paix:
ce qui auroit mis le Roi en feureté, fans qu'il eût paru fe démen-

N   tir

tir des sentimens qu'il a fait paroître jusques ici. Je veux dire, de
demeurer en repos, tant que
l'Empereur aura des affaires contre les infidéles.

Quand le Roi en nous persecutant, comme il fait, ne se seroit fait que priver de l'effet de
cette politique, n'est il pas vrai
que c'est une faute qui lui peut-
être de la derniere consequence.
J'ajouterai à cela, que s'il est
vrai, comme je n'en fais point de
doute, qu'il aspire à l'Empire,
il n'en prend pas le plus court chemin. Une des raisons, qui a fait
jusques ici que la maison d'Aûtriche a été le plus haïe, c'est de
s'être declarée ennemie jurée des
Protestans. J'ose dire encore que
c'est la principale raison pour la
quelle le Roi trouva tant de faci-
lité à gagner l'Electeur Palatin
dans la derniere guerre. Pourquoi
donc se revétir d'une reputation,
qui

qui ne ſçauroit produire aucun bon effet ? Cependant pour ne point paroître partial , retranchons nous à un raiſonnement juſte,& deſintereſſé. Le Roi,comme chef de tous les Princes qui profeſſent la Religion Romaine , étoit agreable à tous ceux qui ſont de la même Religion ; comme ſouffrant la Religion Proteſtante dans ſon Roiaume , il n'étoit pas haï de ceux qui font profeſſion de cette Religion , comme peutêtre l'Empereur , qui la perſecute depuis long-temps: il s'en falloit donc tenir à ce qui lui apportoit de l'avantage, ſans vouloir courir aucun riſque. Mais aujourdhui qu'il fait encore pis que l'Empereur , les ſentimens qu'on aura pour lui dans l'Empire , ſeront auſſi bien plus envenimés , que ceux qu'on avoit pour ſa Majeſté Imperiale. On pouvoit ſe flatter à l'égard de ce-

lui-

lui-ci, qu'il n'agissoit que par un faux zele, & qu'en étant desabusé, il écouteroit ce que lui pouroient dire sa raison, & ses interêts. Mais à l'égard du Roi il n'en est pas de même : on sçait que c'est la politique qui le fait agir, plutôt que la Religion, non pas que je veüille dire que ce ne soit un Prince de bonnes meurs, & de bon exemple ; mais aprés les démêlés qu'il a eûs avec le Pape, on me permettra bien de dire franchement mes sentimens. Non ce n'est point en vuë de nôtre salut qu'il nous veut convertir, & c'est seulement en veüe de son interêt. Si l'on en est une fois persuadé, comme je n'en fais point de doute, qui est-ce qui voudra concourir à ses desseins ? Seront-ce les Princes de l'Empire, qui voient que la Religion ne sert que de prétexte, & ne jugeront-ils

pas

pas avec raiſon, que qui eſt capable de forcer les conſciences pour un ſujet comme celui-la, le ſera encore de toute autre choſe, quand il s'agira de parvenir à ſon but. Cependant ſi quelqu'un a ſujet d'entrer dans cette défiance, ce ſont ſans doute les Princes Proteſtans, leſquels on entreprendra de ruïner les premiers, parce qu'on aura un prétexte tout prêt contr'eux, au lieu qu'il le faudra chercher contre les autres. Mais que dis-je, tout le monde ſera enveloppé d'un même coup de filet, car ſous prétexte d'une guerre de Religion, on épuiſera les forces des Catholiques Romains, auſſi bien que des Proteſtans, puis quand on verra que chacun n'en poura plus, ce ſera alors que le denoüement de la piece ſe fera, en ſignifiant des choſes, qui feront voir qu'on ne veut plus qu'une Monarchie.

N 3

Si

Si l'on s'étonne que je parle de cette maniere, aprés avoir d'abord rapporté tous nos malheurs aux Miniſtres, ſi l'on veut même que ce que je dis à preſent implique contradiction à ce que j'ai dit au commençement de cet ouvrage, je réponds à cela qu'on ſe pouroit bien tromper. Je tombe encore d'accord que les Miniſtres ont eû leurs vuës particulieres en faiſant ce qu'ils ont fait, mais cela empêche-t-il que le Roi n'ait eû les ſiennes. Ai-je dit qu'il nous perſecutoit ſans en eſperer quelque utilité, & ne faudroit-il pas que j'euſſe perdu le ſens, pour avancer une choſe comme celle-là. Ouy il n'eſt que trop vrai, quelque puiſſant motif l'a engagé dans cette entrepriſe, & il faut même qu'il ait été tout extraordinaire pour lui faire fermer les yeux à tant de conſiderations. Il voioit la perte inévitable d'un

nom-

nombre infini de fujets, la jaloufie des Princes de fa Religion, la
haine des Proteftans. Ou eft l'a-
vantage, je vous prie, qui pouvoit
entrer en comparaifon du préjudice qui étoit tout évident? L'un
étoit certain, l'autre ne pouvoit
être qu'imaginaire. Premierement le Roi fe doutoit bien, que
tous ceux qui ont un peu de Religion, aimeroient mieux aller
chercher fortune ailleurs, que de
demeurer dans un Roiaume, ou
l'on vouloit les forcer jufques aux
confciences. Secondement le
Roi ne favoit-il pas bien que tous
fes voifins avoient les yeux tour-
nés fur fes actions, & qu'aprés
avoir eû tant de jaloufie de fa bonne fortune, ils feroient encore
animés du même efprit, dés
qu'ils lui verroient faire la moindre chofe qui tendroit à fon
élevation. Enfin croyoit il

 de

de bonne foi, que les Princes
Proteftans envifagaffent fans fe
remüer, le deffein qu'il avoit d'é-
lever encore fa fortune plus haut
fur les ruïnes de leur Religion,
puifque tout cela étoit prefent à
fes yeux, ou du moins qu'il le
devoit être, comment lui, qui eft
fi éclairé, s'eft il laiffé aller à
agir fi fort contre fes interêts?
Quand il ne lui arriveroit point
d'autre mal, que celui que nous
lui allons caufer par nos plaintes,
n'étoit il pas affés grand pour l'obliger à tenir une autre conduite?
Croit il que nous nous puiffions
taire de tout ce qui eft arrivé dans
le Royaume depuis quinze ou
vingt ans, je veux dire l'anean-
tiffement de tous les ordres, lequel étoit comme un prefage affuré de tous les changemens dont
nous devions être encore les té-
moins.   Or je demanderois vo-
lon-

lontiers à ceux qui ont donné ces beaux conseils, quelles impres-sions ne vont point faire de tels discours parmi des Nations, qui ne sont déja pas trop prévenuës à l'avantage de la domination Fran-çoise. Encore rabbattions nous les coups, quand nous nous trou-vions presens dans ces sortes de rencontres. Quelque connoissan-ce que nous eussions de la verité, nous la déguisions autant qu'il nous étoit possible pour l'honneur de la Nation. Mais aujourdhui que le Roi nous desavoüe pour ses sujets, ou pour mieux dire que nous sommes obligés pour de-meurer fideles à Dieu, d'aller chercher un autre maître, ne se-rons nous pas les premiers à sortir de la moderation qui nous retient depuis si long temps. Cependant pouvons nous lâcher une parole qui ne porte coup ? on nous en

N 5

croi-

croira, a nous, qui avons été té-
moins de toutes chofes, & tout ce
que nons dirons ne s'imprimera
t-il pas fortement dans l'efprit de
ceux qui nous entendront? Aprés
cela qu'en arrivera-t-il, une profonde crainte de tomber fous la
puiffance d'un Prince, qui veut
que fon unique volonté ferve de
regle à toutes chofes ; qui ne veut
que lui de fouverain ; qui pour
cela aneantit tous les privileges
les mieux établis ; qui ne fouffre
plus que le Parlement, corps ci-
devant fi augufte , porte feulement le nom de Compagnie fou-
veraine.   Enfin , qui aprés avoir
metamorphofé, comme je viens de
dire lesFrançois, qui aimoient autresfois fi fort leur liberté, a voulu faire paroître fa puiffance fur
les confciences auffi bien que fur
les biens. Voilà ce que nous fommes capables de dire dans le mife-
rable

rable état ou l’on nous reduit aujourdhui. Ce ne font à la verité
que des paroles au lieu de toutes
les perfecutions, que nous fouffrons. Foible foulagement, me
dira-t-on, pour des gens acca-
blés de tant de miferes. A cela je
réponds, que quoi que les plaintes fervent en quelque maniere de
confolation aux malheureux, je
prétens bien moins me foulager
par là, que faire voir le préjudice que le Roi eft capable d’en recevoir. Car aprés tout, qui eft
celui qui defirera tomber fous une
domination qui prétend être fi
abfoluë? Que celui, qui fit il y a
quelque temps une harangue fi
étudiée, pour faire voir que fi
l’on avoit à changer de maître, il
étoit avantageux d’en choifir un,
qui eût un abfolu pouvoir, étu-
die encore mieux fa leçon, je ne
crois pas que beaucoup de gens
s’y

s’y laiſſent perſuader. Je ſçais bien qu’il prit pour prétexte, que ſous un tel Prince, chacun pouvoit eſperer une puiſſante protection. Mais aprés tout je croirois qu’il vaudroit mieux ne l’avoir pas tout-à-fait ſi grande, & ne la pas acheter ſi cher. A bien examiner les choſes, il n’y a point de plaiſir d’étre ſoûmis aux ordres d’une puiſſance qui ne ſouffre point qu’on lui faſſe aucune remonſtrance. Si nous euſſions été dans un autre païs, l’impuiſſance de nôtre Prince lui auroit fait ſonger à deux fois avant que d’entreprendre nôtre ruïne : s’il ne nous eût pas apprehendé, il auroit du moins apprehendé ſes voiſins, mais parce que le Roi n’apprehende ny eux, ny nous, il faudra donc que nous ſoions au pitoiable état ou l’on nous voit aujourdhui. En verité cela doit bien donner à

pen-

penſer à tout le monde, & je ne
crois pas aprés cela qu'il y ait
preſſe à vouloir être ſous ſa domination. Cependant ce qui nous
doit le plus chagriner, eſt que
c'eſt nous qui avons aidé à forger
les fers, dont on nous tient en-
chaînés preſentement. C'eſt nous
qui avons aidé au Roi à faire tant
de glorieuſes conquêtes les quelles ont rendu ſon nom ſi celebre
par toute l'Europe. Helas, qui
eût crû, que pour recompenſe,
nous ſerions obligés d'être infideles à Dieu, ou d'aller traîner nôtre
vie dans les païs étrangers, Voilà
pourtant l'état ou nous ſommes
aujourdhui, & voilà encore ce
que c'eſt que d'être ſous la domination d'un Prince ſi puiſſant.

Je ſçais bien que tous ceux qui
font profeſſion d'une autre Religion, que de la nôtre, ne ſeront
pas touchés de nos malheurs.
Mais

Mais enfin si cette crainte ne leur est pas·commune avec nous, ils ont lieu d'en avoir tant d'autres, que ce feroit merveilles s'ils n'y étoient pas fenfibles. Je viens d'expliquer cela en parlant de la perte des privileges de tous les ordres du Roiaume, ainfi quoi qu'il ne foit pas bien de recommencer tant de fois, je ne puis m'empêcher neanmoins d'avancer que c'en eft plus qu'il ne faut pour empêcher qu'on ne fouhaitte de tomber fous une puiffance fi dangereufe. Qu'on me die quelqu'un qui foit content de fa deftinée, fi l'on en excepte, comme j'ai déja dit, deux ou trois familles. Cependant entre tant de malheureux, il n'y en a point de fi dignes de compaffion que nous, les autres ne fouffrent que dans leurs biens, mais à nôtre égard, c'eft là le moindre de tous nos maux. Je

n'aun'aurois jamais fait, si je voulois dire tout ce que je pense là dessus. Mais comme l'état ou nous sommes est si déplorable, qu'il est capable de faire parler malgré soi, il vaut mieux que je me taise, de-peur que mon desespoir ne me fasse sortir des bornes que je me suis prescrites.

F I N.